図解 不祥事の予防・発見・対応がわかる本

弁護士・公認不正検査士 竹内 朗［編］

プロアクト法律事務所［著］

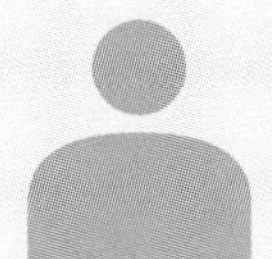

中央経済社

はじめに

本書は，企業で起きる不祥事について，「予防」「発見」「対応」という３つの場面に分けて，目指すべき実務対応を整理したガイダンスです。

グローバル企業や上場企業で起きた大規模な不祥事が表面化し，企業価値を大きく毀損する事例が後を絶ちません。もはや企業にとって不祥事は，「あってはならないもの」と遠ざけるのではなく，「必ず起きるもの」と正面から向き合うことが必要です。

不祥事を未然に防止する「予防」，発生した不祥事を早期に把握する「発見」，発見した不祥事への「対応」という３つの場面において，実務スキルを磨き高めていくことは，企業価値を守り抜くための重要な経営課題です。

プロアクト法律事務所は，企業のリスクマネジメントを専門とするブティック・ファームとして，豊富な実績と実務経験を有しています。

- 大規模な不祥事が判明した企業の調査委員会を担当し，その企業の実態に即した実効的な再発防止策を提言する
- 証券取引所や主幹事証券会社から内部統制の重大な不備を指摘された上場準備中の会社に対し，内部統制の強化策を助言し，その実現を支援する
- 買収した子会社について，買収前のデューディリジェンスで指摘されたリスク要因に対し，買収後直ちに有効な統制活動を実施し，グループ内部統制に組み込む
- 社外役員（取締役・監査役等）に就任した企業のリスクマネジメント体制の脆弱な点を見出し，高度化への取組みを独立した立場から監督する

といったリスクマネジメント案件を継続的に受任し，実務経験を積み上げてきました。

本書では，こうした実務経験から得られた知見や，新しい内部統制のフレームワークなどもふまえて，実在する最新のベスト・プラクティスをふんだんに紹介し，徹底的に実務目線で解説しています。

また，安易にガバナンス論や会社法の制度論（社外取締役を増員したり，指名委員会等設置会社に移行すればすべてが解決するかのような議論）に逃げることなく，リスクマネジメントの実務対応の枠内でどれだけのことができるかを示しています。

見開き２頁で１テーマを扱い，左頁にテキスト解説，右頁に図解を盛り込むことにより，読者を活字の海にさまよわせることなく，ビジュアル的に要点を早分かりしていただけるように工夫したことも，本書の特長の１つです。

「ひととおりのことはやっているが手応えや達成感を感じられない」「目指すべきゴールのイメージが持てない」「経営からの期待に応えられている実感が持てない」といった悩みを抱える多くの経営者，リスク管理・コンプライアンス担当役員，実務担当者，監査役等や内部監査の実務担当者，そして企業にアドバイスする専門家の方々に読んでいただければと思います。

最後に，本書の出版にあたり，中央経済社の露本敦氏，石井直人氏には多大なご尽力を賜りました。この場をお借りして厚く御礼申し上げます。

2019年９月

プロアクト法律事務所
弁護士　竹内　　朗

目　次

第 1 章

総　論

不祥事の予防・発見・対応

■時間軸のなかに位置づける

会社が不祥事に対して適切に対処するには，

・不祥事が発生するまでの「予防」＝「予防統制」

・不祥事が発生してから発見するまでの「発見」＝「発見統制」

・不祥事を発見してからの「対応」＝「危機管理」

という３つの局面に分けて，どの局面でどのような対応が求められるかを，時間軸のなかに位置づけて考えることが有効です。

■平時と有事を区別する

「予防統制」と「発見統制」は，いずれも平時におけるリスク管理に位置づけられます。「危機管理」は，有事における危機管理（クライシスマネジメント）に位置づけられます。

実務対応では，危機管理規程の発動，危機管理委員会の設置など，どの時点で平時対応から有事対応に切り替えるかを適切に判断することが，重要なポイントになります。

■発見統制の重要性を知る

これまで，平時のリスク管理では，不祥事を発生させないための「予防統制」に力点が置かれてきました。

しかし，企業価値を毀損する重大な不祥事が長年にわたり続けられてきた不祥事例が頻発したことを受け，近時では，一定の確率で必ず不祥事が発生してしまうことを前提とした「発見統制」に力点が移りつつあります。「犯罪のない街を作れないのと同じく，不祥事のない会社は作れない」というのは，ある実務家の至言です。

不祥事が発生してから経営トップが発見するまでの間，現場では不祥事が継続されて会社が被るダメージがどんどん拡大していきます。不祥事のダメージコントロール手段として，「発見統制」の重要性は，いくら強調しても強調しすぎることはありません。

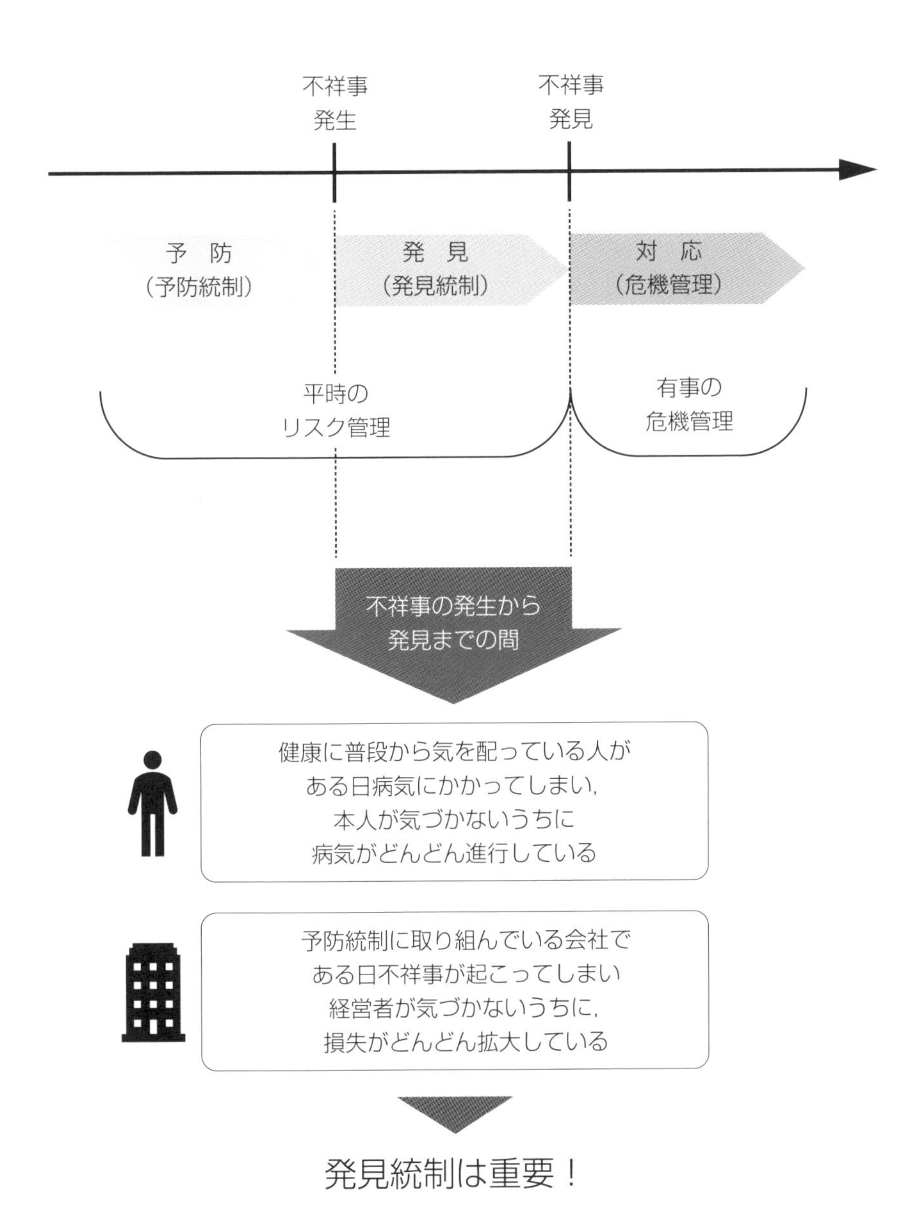
不祥事
発生
不祥事
発見
予　防
（予防統制）
発　見
（発見統制）
対　応
（危機管理）
平時の
リスク管理
有事の
危機管理
不祥事の発生から
発見までの間
健康に普段から気を配っている人が
ある日病気にかかってしまい，
本人が気づかないうちに
病気がどんどん進行している
予防統制に取り組んでいる会社で
ある日不祥事が起こってしまい
経営者が気づかないうちに，
損失がどんどん拡大している
発見統制は重要！

 不祥事対応のサイクル

■不祥事対応のサイクルを知る

不祥事が発見されると，会社は平時対応から有事対応に移行しますが，それは永久に続くものではありません。企業が不祥事に対して適切な対処を行えば，一定の要件をふまえて平時に戻ることができます。

■有事対応中は通常の事業活動ができない

会社が有事対応をしている間は，お客様や取引先などのステークホルダーも，その会社をそのような目で見るため，通常の事業活動ができません。たとえば，営業員が名刺を持って営業活動に赴こうとしても，「おたくはまだ不祥事の始末がついていないんでしょう，始末をつけてからにして」といわれてしまいます。

こうした有事対応が長引けば長引くほど，会社の期間業績に対するマイナスの影響は拡大します。

■有事対応にピリオドを打つ

不祥事を起こした会社が有事対応にピリオドを打つためには，

- 何が起きたのか？＝「事実調査」
- なぜ起きたのか？＝「原因究明」
- どうしたら再び起きないのか？＝「再発防止」

というステークホルダーからの３つの質問にしっかりと答える必要があります。

逆からいうと，実効性ある再発防止は，真の原因究明から生まれ，真の原因究明は，精緻な事実調査から生まれます。

実効性のある再発防止とは，これまでの予防統制と発見統制の不備を正面から受け容れて真摯に反省し，これを克服しようとするものです。こうした再発防止策が平時のリスク管理に「実装」されて初めて，会社は有事対応にピリオドを打ち，平時に戻ることができます。

「進歩とは反省の厳しさに正比例する」という本田宗一郎の名言を噛み締めましょう。

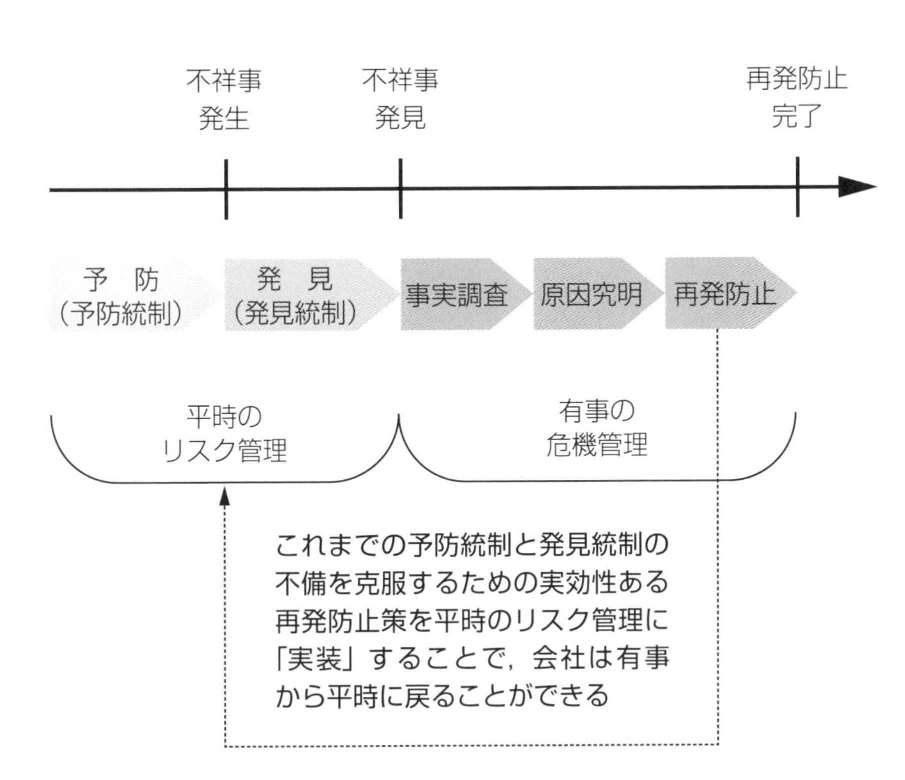
不祥事
発生
不祥事
発見
再発防止
完了
予　防
（予防統制）
発　見
（発見統制）
事実調査
原因究明
再発防止
平時の
リスク管理
有事の
危機管理
これまでの予防統制と発見統制の
不備を克服するための実効性ある
再発防止策を平時のリスク管理に
「実装」することで，会社は有事
から平時に戻ることができる

2つのプリンシプルができるまで

■不祥事対応の歴史は，不祥事の歴史

21世紀に入ってからの大規模な不祥事を振り返ると，その不祥事への反省をふまえて，規制が強化されてきたことがわかります。不祥事対応の歴史は，過去の大規模な不祥事の歴史の上に成り立っています。

■ハードローからソフトローへ

米SOX法や日本版SOX法は，法改正を伴うものであり，ハードロー（国家による強制力のある法規）による規制強化でした。

これに対し，2015年に施行された東証コーポレートガバナンス・コード（CGコード）は，ソフトロー（国家による強制力を背景に持たない事実上のルール）による規制の形式をとっています。日本取引所自主規制法人が公表した２つのプリンシプルもまたソフトローに位置づけられます。

このように，ガバナンス・コンプライアンスに対する規制手法がハードローからソフトローに移行している流れが近年見られます。

■ルール・ベースからプリンシプル・ベースへ

もう１つの流れは，規制手法がルール・ベース（細則主義）からプリンシプル・ベース（原則主義）へと移行している点です。

この点について，不祥事対応プリンシプルは，「本来，不祥事への具体的な対応は各社の実情や不祥事の内容に即して行われるもので，すべての事案に関して一律の基準（ルール・ベース）によって規律することには馴染まない」と述べます。不祥事予防プリンシプルも，「本プリンシプルにおける各原則は，各上場会社において自社の実態に即して創意工夫を凝らし，より効果的な取組みを進めていただくための，プリンシプル・ベースの指針です」と述べます。

お役所のいうことに唯々諾々と従うのではなく，各社がその実情に即して創意工夫することこそが求められています。

2001年 米エンロン，ワールドコム破綻
2003年 └→ 米サーベンス・オクスリー法（SOX法）施行

2004年 西武鉄道有報虚偽記載，カネボウ巨額粉飾
2006年 ライブドア有報虚偽記載・偽計
2008年 └→ 改正金融商品取引法（日本版SOX法）施行

2011年 オリンパス損失飛ばし・解消
2013年 └→ 監査における不正リスク対応基準施行

2015年 改正会社法施行，東証コーポレートガバナンス・コード（CGコード）施行
“コーポレート・ガバナンス改革元年”と呼ばれたが……
東芝会計不正
2016年2月 └→ 上場会社における不祥事対応のプリンシプル
（巻末資料 p.179～180）

2016年 三菱自動車燃費不正
2017年 日産自動車，SUBARU無資格完成検査
神戸製鋼所，三菱マテリアル，東レ品質データ改ざん
2018年3月 └→ 上場会社における不祥事予防のプリンシプル
（巻末資料 p.171～178）

 不祥事対応プリンシプル概説

■前文にエッセンスを凝縮

不祥事対応プリンシプルのエッセンスは，その前文に凝縮されています。不祥事対応のゴールは，「速やかなステークホルダーからの信頼回復」による「確かな企業価値の再生」です。前文の各文言と原則①ないし④の関係は，右図に示したようになります。

■第三者委員会の設置が必要な場合とは？

「どのような場合に第三者委員会の設置が必要になるのですか？」。これは実務家からお受けする典型的な質問ですが，原則②にその答えが書いてあります。

すなわち，「内部統制の有効性や経営陣の信頼性に相当の疑義が生じている場合，当該企業の企業価値の毀損度合いが大きい場合，複雑な事案あるいは社会的影響が重大な事案である場合などには，調査の客観性・中立性・専門性を確保するため，第三者委員会の設置が有力な選択肢となる」のです。

■社外役員がリーダーシップを

原則①は，「必要十分な調査が尽くされるよう，最適な調査体制を構築するとともに，社内体制についても適切な調査環境の整備に努める。その際，独立役員を含め適格な者が率先して自浄作用の発揮に努める」と述べます。

大規模な不祥事が起きた時は，経営者の法的責任あるいは経営責任が問われる場面であり，安易で不十分な調査で事案を矮小化して難局を切り抜けたいという動機が働くため，経営者と会社との間に利益相反が生じます。

だからこそ社外役員がリーダーシップを発揮して，確かな企業価値の再生に向けた道筋を付けることが重要です。

上場会社における不祥事対応のプリンシプル	
前　文	企業活動において自社（グループ会社を含む）に関わる不祥事又はその疑義が把握された場合には，当該企業は，必要十分な調査により事実関係や原因を解明し，その結果をもとに再発防止を図ることを通じて，自浄作用を発揮する必要がある。その際，上場会社においては，速やかにステークホルダーからの信頼回復を図りつつ，確かな企業価値の再生に資するよう，本プリンシプルの考え方をもとに行動・対処することが期待される。
4つの原則	①　不祥事の根本的な原因の解明 ②　第三者委員会を設置する場合における独立性・中立性・専門性の確保 ③　実効性の高い再発防止策の策定と迅速な実行 ④　迅速かつ的確な情報開示

不祥事又はその疑義を把握

▼

原則①②	必要十分な調査	自浄作用を発揮
原則①②	事実関係と原因を解明	
原則③	再発防止を図る	

▼

原則④　速やかなステークホルダーからの信頼回復

確かな企業価値の再生

不祥事予防プリンシプル概説

■経営トップがリーダーシップを

不祥事予防プリンシプルの前文は,「経営陣,とりわけ経営トップによるリーダーシップの発揮が重要」と述べます。

「内部統制システムのコンセントは経営トップが握っているから,経営トップがコンセントを差し込まない限り内部統制システムは起動しない」とか,「COSOの立方体の基盤になるのは『統制環境』である」などといわれるのも,不祥事予防には経営トップのリーダーシップが重要であることを伝えています。

■6つの原則の関係

原則4は,早期発見,迅速な対処,それに続く業務改善までの一連のサイクルの定着を目指していますが,そのためには,まず原則1～原則3の各視点をふまえた取組みが重要になってきます。

そして,上場会社は,原則1～原則4を基礎に置きつつ,自社を取り巻く経営環境に応じて原則5や原則6への取組みも目指していくことになります。

■あるべき対応とは

プリンシプルに書いてあることは,誰もが正しいと思える内容ではあるものの,その内容がある程度抽象化されていることから,「何から手を付けていいかわからない」という反応が想定されます。その場合には,プリンシプルの要求事項と自社の内部統制の現状とをギャップ分析し,足りないところから手を付けていく(現状の内部統制を高度化していく)ことが現実的です。

あるいは,「プリンシプルの要求事項はすべて充足している」という反応も想定されます。しかし,統制活動の「仕組み」が存在することと,その仕組みが有効に「機能」して統制活動の有効性が確保されていることとの間には,大きな隔たりがあります。安易に充足していると考えずに,存在する仕組みが本当に「機能」しているかを真摯に検証することが,プリンシプル対応の出発点となります。

上場会社における不祥事予防のプリンシプル	
前　文	上場会社は，不祥事（重大な不正・不適切な行為等）を予防する取組みに際し，その実効性を高めるため本プリンシプルを活用することが期待される。この取組みに当たっては，経営陣，とりわけ経営トップによるリーダーシップの発揮が重要である。
6つの原則	［原則1］実を伴った実態把握 ［原則2］使命感に裏付けられた職責の全う ［原則3］双方向のコミュニケーション ［原則4］不正の芽の察知と機敏な対処 ［原則5］グループ全体を貫く経営管理 ［原則6］サプライチェーンを展望した責任感

各原則の体系図（イメージ）

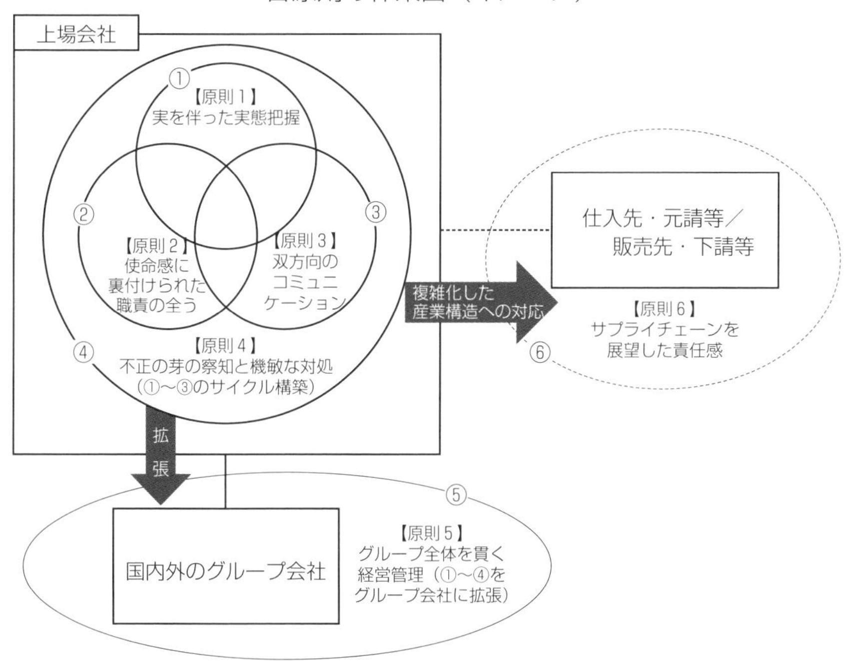

（出所）　佐藤竜明「『上場会社における不祥事予防のプリンシプル』の解説［上］」旬刊商事法務2165号16頁

 ガバナンスとマネジメントの区別

■マネジメントは社長による規律

一般の方が思い描く会社像は，社員がベースになり，管理職，執行役員，業務執行取締役と階層が上がっていき，社長が頂点に君臨する正三角形のピラミッド構造になります（右図の下側の正三角形）。

これが，社長が主宰する（社長が規律する）「マネジメント」（経営）の組織構造であり，事業を遂行する業務執行機関です。「内部統制」「リスクマネジメント」「コンプライアンス」といった用語は，こちらの組織構造に対して用いられます。不祥事予防・対応のプリンシプルは，主としてこちらに適用されます。

■ガバナンスは社長に対する規律

これに対し，会社法の世界は，会社の所有者である株主が頂点に立ち，株主総会で選任された（解任もされる）取締役と監査役（監査役会設置会社を想定）が取締役会を構成し，取締役会で選任された（解職もされる）代表取締役が業務を執行するという組織構造になります（右図の上側の逆三角形）。

そして，社長を頂点とする業務執行機関に対してどのように規律を働かせるかが，「コーポレート・ガバナンス」の問題です。コーポレートガバナンス・コード（CGコード）はこちらに適用されます。

■内部統制の枠内で解決策を示す

本書のスタンスは，コーポレート・ガバナンスにも必要な限りで言及するものの，安易にガバナンス論や会社法の制度論に逃げることなく，「内部統制」「リスクマネジメント」「コンプライアンス」の枠内であるべき実務対応の解決策を示すこと，つまり，代表取締役を頂点とした通常の業務執行体制のなかで実現可能な解決策を示すことを目指しています。

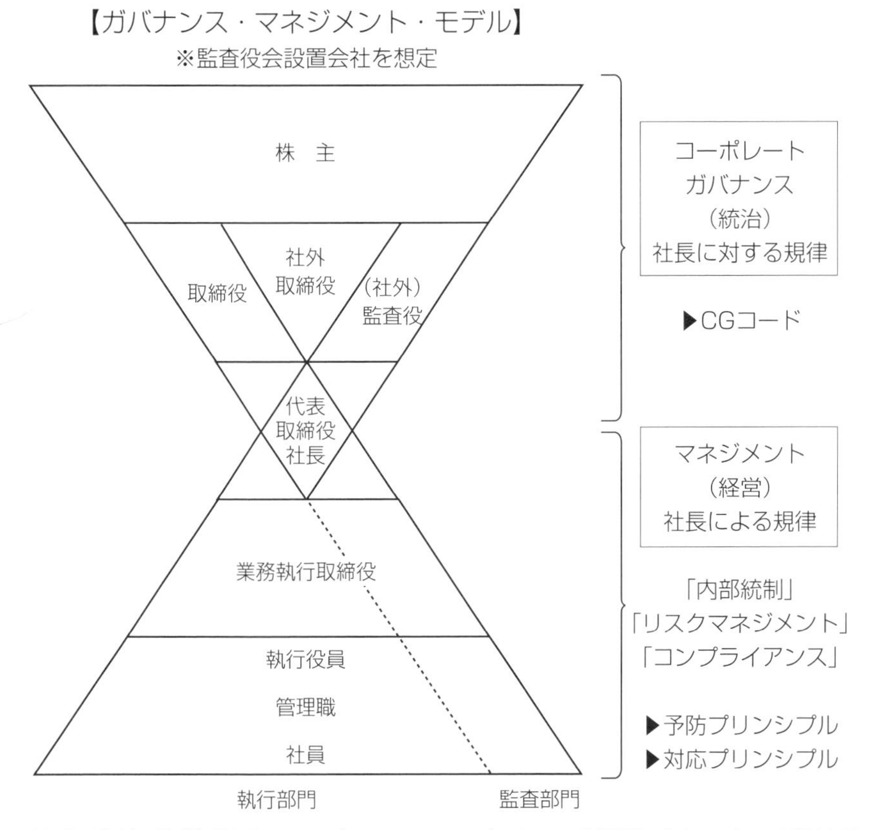

（出所）　竹内朗「企業価値を高めるコンプライアンス―コンプライアンス体制整備のためのいくつかの視点」月刊監査役2008年10月25日号14頁

リスク管理体制整備と役員の善管注意義務

■リスク管理体制整備義務

取締役と監査役は，会社に対して善管注意義務を負っており，その一環としてリスク管理体制（内部統制システム）整備義務を負っており，リスク管理体制（内部統制システム）整備について任務懈怠があると，善管注意義務違反を問われて損害賠償責任を負うことになります。

■リスク管理体制整備の程度に関する判断基準

役員がどこまでリスク管理体制を整備しておけばよいのかについては，右図に紹介する日本システム技術事件最高裁判決（2009年7月9日）が明確に判示しました。

右図の判決のポイントから導かれる判断基準は，以下の3点です。

① 通常想定される不正行為を防止し得る程度の管理体制を整えていたか？

② 不正行為は，通常容易に想定し難い方法によるものであったか？

③ 不正行為の発生を予見すべき特別な事情があったか？

■実務対応のポイント

この判決の判断基準をふまえた実務対応のポイントは，以下の3点になります。

① 役員には，通常想定されるリスクを防止し得る程度の管理体制を整備しておく善管注意義務がある。

② 取締役会では，(i)自社の業務内容にとって通常想定されるリスクとは何か，(ii)通常想定されるリスクを防止し得る程度の管理体制を整備できているか，の2点をモニタリングする。

③ リスクの発生を予見すべき特別な事情がある場合（ある種の不正行為が発覚したのに再発防止措置を講じていない，ある種の不正行為を示す内部通報が寄せられたのに対応していないなど）には，高リスク領域として速やかに統制活動を高度化する。

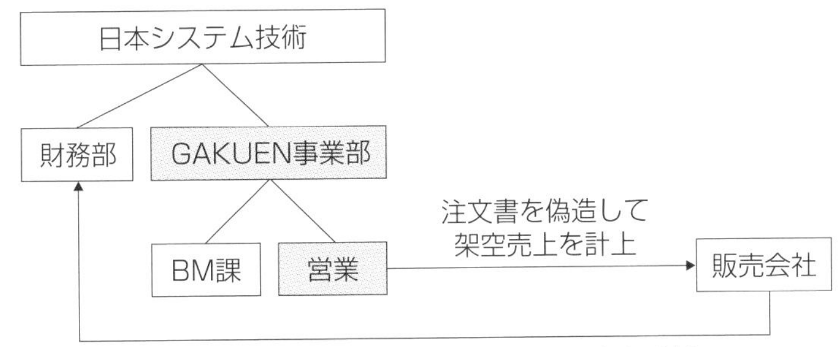

事案の概要

ソフトウェア開発および販売等を業とする同社（東証2部上場）の従業員らが，営業成績を上げる目的で架空の売上を計上したため，同社の有価証券報告書に不実の記載がされた。

不正行為の態様

GAKUEN事業部の部長がその部下である営業担当者数名と共謀して，販売会社の偽造印を用いて注文書等を偽造し，BM課の担当者を欺いて財務部に架空の売上報告をさせた。

営業社員らが言葉巧みに販売会社の担当者を欺いて，監査法人および財務部が販売会社あてに郵送した売掛金残高確認書の用紙を未開封のまま回収し，金額を記入して偽造印を押捺した同用紙を監査法人または財務部に送付し，見掛け上は上告人の売掛金額と販売会社の買掛金額が一致するように巧妙に偽装していた。

判決のポイント

① 不正行為当時，同社は，通常想定される架空売上の計上等の不正行為を防止し得る程度の管理体制は整えていた。
② 不正行為は，通常容易に想定し難い方法によるものであった。
③ 代表取締役において不正行為の発生を予見すべきであったという特別な事情も見当たらない。

以上によれば，代表取締役に，不正行為を防止するためのリスク管理体制を構築すべき義務に違反した過失があるということはできない。

経産省法務機能の在り方研究会報告書

■画期的な報告書

右図に紹介する経産省が2018年４月18日に公表した「国際競争力強化に向けた日本企業の法務機能の在り方研究会報告書」は，日本企業の法務機能の将来像を描き出す画期的なものです。

法務コンプライアンス部門は，この報告書を格好の教材として，担当役員・管理職・スタッフに対するトレーニングを実施し，自社の法務機能強化に取り組むことができます。

■求められる法務機能と法務人材

この報告書は，これから求められる法務機能として，

①　ガーディアン機能（守り）

②　パートナー機能（攻め）

の２つをあげています。

また，これから求められる法務人材として，

〈スキル〉

- リスクの発見能力（何が問題かわからないような案件のなかから課題を見つける能力）
- リスクの分析能力（取れるまたは取れないリスクを見極める能力，リスク回避と機会喪失のバランス感覚）
- ソリューションの提案と判断力（客観的な法的分析にとどまらず，企業の行動に結び付けるソリューションを判断する力）
- コミュニケーション力（事業部門との建設的対話を通じて，代替案を探求し，どこまでリスクを最小化できるかを十分協議する能力）

〈マインド〉

- 法務領域に閉じこもることなく，事業に対するリスペクトと好奇心を持ち，積極的にさまざまな業務と関わりを持とうとすること
- 自らも積極的に他部門を巻き込み，巻き込まれることを厭わないこと

などをあげています。

【法務機能強化が求められる背景】

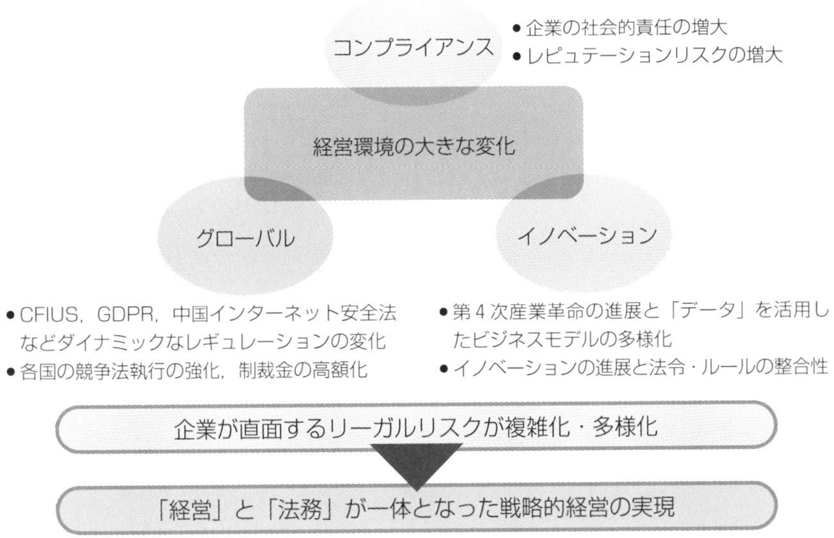

コンプライアンス
- 企業の社会的責任の増大
- レピュテーションリスクの増大

経営環境の大きな変化

グローバル
- CFIUS, GDPR, 中国インターネット安全法などダイナミックなレギュレーションの変化
- 各国の競争法執行の強化, 制裁金の高額化

イノベーション
- 第4次産業革命の進展と「データ」を活用したビジネスモデルの多様化
- イノベーションの進展と法令・ルールの整合性

企業が直面するリーガルリスクが複雑化・多様化

▼

「経営」と「法務」が一体となった戦略的経営の実現

【求められる法務機能】

■企業のガーディアンとしての機能

企業価値を守る観点から, 法的リスク管理のために経営や他部門の意思決定に関与して, 事業や業務執行の内容に変更を加え, 場合によっては意思決定を中止・延期させるなどによって, 会社の権利や財産, 評判などを守る機能。

■ビジネスのパートナーとしての機能

企業価値を最大化する観点から, 法的支援を経営や他部門に提供することによって, 会社の事業や業務執行を適正, 円滑, 戦略的かつ効率的に実施できるようにする機能。

【求められる取組み】

1. 経営層, 事業部門の発想の転換（リスクテイク・マネジメントの構築）
2. 組織・オペレーションの整備
3. 人材に対する投資

 ブレーキでなくヘッドライトに

■ブレーキ法務は失敗例

法務コンプライアンス部門としては，現場部門から契約締結やサービスローンチの直前になって案件が持ち込まれたとして，その案件に受容できない致命的なリスクが存在していれば，急ブレーキを踏んで案件を止めるしかありません。ガーディアン機能を適切に果たすためには，他に方策はないからです。

しかし，そうなると，現場部門からは「法務に案件をつぶされた」「ブレーキ法務はビジネスの邪魔」という低評価を受け，法務に対する現場の信頼は損なわれ，下手をすると現場が法務に相談せずにビジネスを進めてしまいます。そうするうちに現場に隠された法務リスクが暴発する事故が発生してしまえば，いくら「相談してこなかった現場が悪い」と言い訳してみたところで，法務部門がその職責である全社的な法務リスク管理に失敗したことは否定しようがありません。ここでは，「相談してもらえなかった法務が悪い」という発想に立たなければなりません。

■ヘッドライト法務は頼れるビジネスパートナー

自動車にたとえれば，法務コンプライアンス部門は，本来，ビジネスの「ブレーキ」でなく「ヘッドライト」として機能します。

ビジネスの行く先に待ち受ける「将来リスク」を強い光で照らし出し，リスクを見越して先手を打つプロアクティブなリスク管理ができれば，現場部門はブレーキを踏むことなくアクセルを踏み込んでアグレッシブにビジネスリスクを取りにいくことができます。

■早く巻き込んでもらうことが大事

法務コンプライアンス部門がヘッドライトとなるためには，早い段階から案件に巻き込んでもらうことが大事です。そのためには，現場の相談に親身に乗り一緒に実現可能な代替案を考えるなど，普段から現場部門との信頼関係の維持向上に努めることが必須です。案件が無事成就した暁には，打ち上げに呼んでもらえて一緒に祝杯をあげられる法務を目指しましょう。

【ブレーキ法務】

受容できないリスクが目前に迫ったら，ブレーキを踏んで案件を止めるしかない。現場からは「法務になんか相談しなければよかった」と恨まれる

【ヘッドライト法務】

早い段階で将来リスクを見つければ，多くの選択肢のなかから時間をかけてリスク回避・低減策を打つことができ，ブレーキを踏まずに案件を進められる。現場からは「法務に相談しておいてよかった」と感謝される

 コンプライアンスと労働環境

■昨今の大規模不祥事の共通項

昨今つぎつぎと明らかになる大規模な企業不祥事を見ていると，「業績達成の過度のプレッシャー」と「コンプライアンス意識の欠如」が重なり合った現場で，多くの社員らが「会社のため」という歪んだ自己正当化をして，組織ぐるみで不正行為に走るという共通項が認められます。具体的には，以下のような事例です。

・会計不正（売上利益の不正計上）
・品質不正（品質データ改ざん，無資格検査など）
・競争制限行為（談合カルテル）
・腐敗行為（外国公務員贈賄）

■会社が社員を不正行為に追い込む

こうした状況は，見方を変えれば，「会社が業績達成の過度のプレッシャーをかけて，コンプライアンス意識を麻痺させたままの社員を不正行為に追い込んだ」と見ることもできます。そして，不正行為を働いた社員は，会社から懲戒解雇されるほか，場合によっては犯罪に問われ，逮捕され，有罪判決を受け，刑務所に収監されることすら現実に起きています。

こうして考えると，「業績達成の過度のプレッシャー」や「コンプライアンス意識の欠如」が認められる職場は，社員の労働環境としては相当劣悪であり，社員の生活や人権が危険にさらされているという問題意識を持つべきです。

■コンプライアンスは縛りでなく誇り

コンプライアンスというと，社員の手足を「縛る」窮屈なものと見られがちですが，実は社員の手足を縛って不正行為の温床となっているのは，業績達成の過度のプレッシャー（過大な業績ノルマ）です。

コンプライアンスは，業績達成の過度のプレッシャーから社員を守り，自分の仕事に「誇り」を取り戻すための前提条件であり，社員のモチベーション向上につながります。

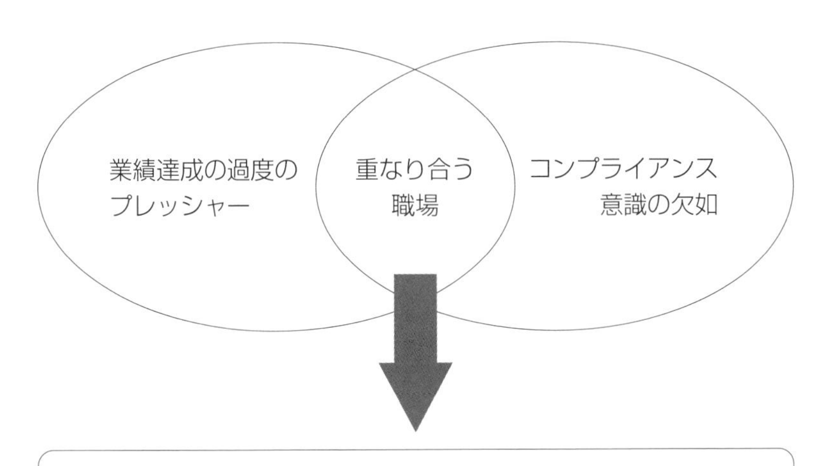

「業績達成のためにはこの程度のことは許されるはず」
「自分の損得でやっているわけではない」
「すべては会社のため」
という歪んだ自己正当化がまん延

多数の役職員が関与する
組織ぐるみの大規模な不正行為が
発生し，長期にわたり継続

 不正のトライアングルと性弱説

不正のトライアングルとは，①動機，②機会，③正当化，という3つの不正リスク要素が揃うと，人は不正行為を実行してしまう，という考え方で，米国の犯罪学者クレッシーが提唱したものです。

■①動機，②機会，③正当化といった要因を除去する

①動機とは，不正行為を実行することを欲する主観的事情をいい，たとえば，従業員が金銭問題で困っているなどといった事情がこれに当たります。②機会とは，不正行為の実行を可能または容易にする客観的な職場環境をいい，たとえば，金銭の取扱いについて誰の監視の目も及んでいないとか，チェック機能が形骸化しているといった環境がこれに当たります。③正当化とは，不正行為の実行を積極的に是認しようとする主観的な事情をいい，たとえば，横領行為者が「一時的に借りるだけだ」などと自分に言い聞かせるような事情がこれに当たります。

言い換えれば，不正リスク要素のうち，1つでも除去することに成功すれば，不正を防止することに近づきます。このうち，①動機や③正当化要因は従業員の主観的な事情によるところが大きいですが，研修等を通じて意識の醸成を図ることができれば，要因を除去・低減することは可能です。

■性善説vs性悪説ではなく，性弱説という考え方

不正防止について議論する時，従業員は不正をするに違いないという「性悪説」と，会社たるもの従業員を信用しなければ企業は立ち行かないという「性善説」と，意見対立が生じ得ます。

しかし，人は不正のトライアングルが完成すると誰でも不正行為を実行してしまう「弱い」存在であると考えるべきです。①動機，②機会，③正当化という不正リスク要素は，人知れず社員に近づいていきます。このような，いわば「性弱説」に立った上で，社員を不正から守るために，弱い社員を不正リスク要素からいかに遠ざけるか，という観点から不正防止に取り組むという考え方が，日本企業の文化にもなじみやすいといえます。

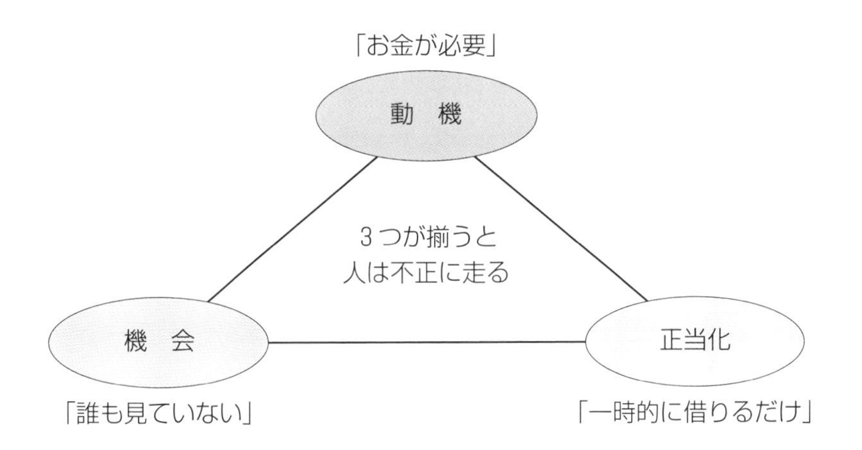

性善説

社員が悪いことを
するはずがない

性悪説

社員は悪いことを
するに違いない

性弱説

- 人は誰しも弱いもの
- トライアングルが揃うと誰しも不正に手を染めてしまう
- 弱い部下を不正（のトライアングル）から守ることがコンプライアンス活動の目的

 コンダクト・リスク

■コンダクト・リスクとは

近時，コンダクト・リスクという言葉を耳にする機会が増えています。国際的な基準金利であるロンドン銀行間取引金利（LIBOR）が不正操作されていた問題が発生した後，英国金融当局（Financial Conduct Authority（FCA））が，「顧客の正当かつ合理的な期待に応えることを金融機関が第一に自らの責務として捉え，顧客への対応，金融機関同士のやり取り，市場における活動をもって，責務を示すこと」を金融機関に期待される「コンダクト」として定義づけた上で，「顧客保護」「市場の健全性」「有効な競争」に反する行為によって金融機関の社会的評価が低下するリスクを「コンダクト・リスク」と呼ぶようになりました。

コンダクト・リスクは，法令や規則だけではなく，社会規範から逸脱することによるリスクを指摘するものです。1つひとつの行為が厳密には法令や規則に違反しない場合であっても，それが，社会規範に照らして容認され得ない事象である場合，企業の社会的信頼は失墜し，企業価値は大きく損なわれることとなります。企業（金融機関のみならず，事業会社にも当てはまります）は，法令や規則だけではなく，社会規範も視野に入れた上で，このようなコンダクト・リスクを管理対象とする必要があります。

もっとも，このようなリスクやその管理の必要性自体は，従前から指摘されていたところでもあります。金融庁も，「従来から，金融機関は，その業務の公共性や社会的役割に照らし，利用者保護や市場の公正・透明に積極的に寄与すべきと考えられてきた。したがって，コンダクト・リスクは，金融機関に対する上記のような社会的な期待等に応えられなかった場合に顕在化するリスクを，比較的新しい言葉で言い換えているにすぎないと考えることもできる」としています（金融庁「コンプライアンス・リスク管理基本方針」12頁）。

「顧客の正当かつ合理的な期待に応えること」を
金融機関としての責務として捉える

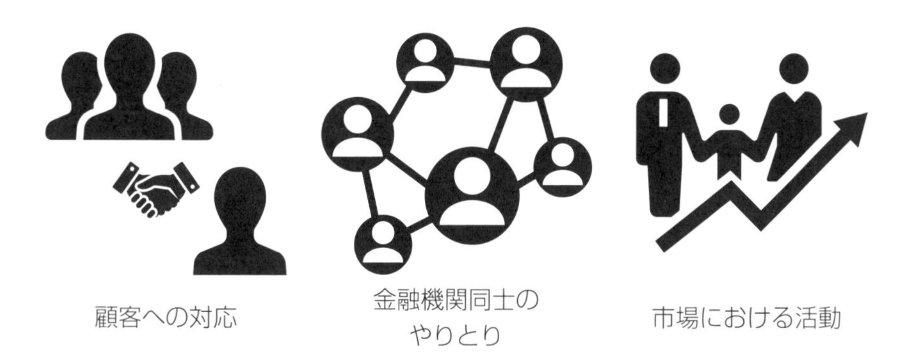

これらの活動をもって責務を示すこと＝“コンダクト”

法令・規則違反に
限らず，社会規範
からの逸脱を含む

○顧客保護
○市場の健全性
○有効な競争

に反する行為
→　社会的信頼の低下

コンダクト・リスク

 ESG／SDGsとリスク管理

■事業の持続可能性を測るモノサシ

ESGあるいはSDGsというフレームワークが登場しています。これらはいずれも，事業の持続可能性（Sustainability）を測るモノサシとして機能します。

機関投資家は，ESGを投資先の将来収益や将来リスクを測る投資のモノサシとして使っています。

■ES違反の事業は長続きしない

たとえば，海外工場で近隣の環境を破壊すること，天然資源を乱獲・濫伐することは，いずれもE違反になります。

法規制あるいは法執行の緩い途上国で，労働者を劣悪な労働環境で働かせること，競争制限行為（談合カルテル）を行うこと，腐敗行為（外国公務員贈賄）を行うこと，反社会的勢力と取引することは，いずれもS違反になります。

こうしたES違反の事業は，近いうちに何らかの形で事業継続に困難が生じるので，長続きせず，持続可能性が低いと評価されます。

■リスク管理の観点から

事業の持続可能性を阻害する要因について，予防し，発見し，対応することは，リスク管理の中心的課題です。

したがって，ES違反を起こさないようにすることも，リスク管理の重要なメニューになります。

■機関投資家とのエンゲージメント

投資先会社のESGのレベルは，機関投資家にとって重大な関心事です。

したがって，有価証券報告書やコーポレート・ガバナンス報告書などの法定開示にとどまらず，統合報告書などを駆使してESG情報を含む非財務情報（記述情報）をしっかりと任意開示することは，機関投資家とのエンゲージメントにおける重要テーマとなります。

ESG

環　境　(Environment)
社　会　(Social)
統　治　(Governance)

SDGs

持続可能な開発目標

SUSTAINABLE DEVELOPMENT GOALS
世界を変えるための17の目標

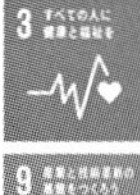

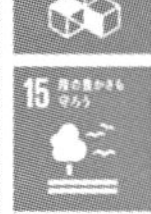

Public Private Action for Partnership!!
SDGsを通じて、豊かで活力ある未来を創る

いずれも事業の持続可能性（Sustainability）を
測るモノサシ

事業の持続可能性を阻害する要因を
予防し発見し対応することが
リスク管理の中心的課題

第 2 章

不祥事の未然防止（予防統制）

 不祥事予防プリンシプル原則１

■［原則１］実を伴った実態把握

不祥事予防のプリンシプル原則１の内容は，右図のとおりです。

■［原則１］のポイント

自社のコンプライアンスの状況を正確に把握することが，不祥事予防の第一歩であることはいうまでもありません。

多くの企業においても，コンプライアンス上の対応項目を列挙したチェックリスト等を用いて各部署の状況を確認したり，アンケートに回答させる等の方法で，自社のコンプライアンスの状況の把握に努めているものと思います。しかし，このような状況把握は，ともすると，コンプライアンスに関する明文の法令やルールの遵守状況の把握に留まり，企業風土や社内各層への意識の浸透度合いといった実態面の把握にまでは至らないことが少なくありません。また，近時の企業不祥事は，社会的意識と乖離した，社内慣習・業界慣行の旧弊化・マンネリズムに起因するものが多く見られますが，そのような慣習・慣行は「現場の常識」となってしまっていることもあり，たとえば各部署の申告ベースで把握しようとしても，把握は容易ではありません。

現場に潜在するリスク（コンプライアンス・リスク）の実態を経営陣が把握するためには，通常の業務上のレポートラインの強化，サブラインとしての内部通報制度の整備，リスク情報の宝庫である外部からのクレームやステークホルダーの声の分析等，さまざまな取組みが必要です。

本書では，このような，コンプライアンス・リスクに関する情報を早期に発見・収集する体制や取組みを「発見統制」と位置づけ，その具体的な取組み方法について，第３章で解説しています。

原則１	実を伴った実態把握

自社のコンプライアンスの状況を制度・実態の両面にわたり正確に把握する。明文の法令・ルールの遵守にとどまらず，取引先・顧客・従業員などステークホルダーへの誠実な対応や，広く社会規範を踏まえた業務運営の在り方にも着眼する。その際，社内慣習や業界慣行を無反省に所与のものとせず，また規範に対する社会的意識の変化にも鋭敏な感覚を持つ。

これらの実態把握の仕組みを持続的かつ自律的に機能させる。

一般的な実態把握		あるべき実態把握
• 制度や運用状況の把握		• 自社の企業風土や社内各層への意識の浸透度の把握
• 明文の法令・ルールの遵守状況		• ステークホルダーへの誠実な対応 • 健全な社会規範を意識し，健全な常識やビジネス倫理に照らした誠実な行動 • 変化する社会的意識と社内慣習・業界慣行のギャップの状況
• 社内からの情報収集 		• 社外の声，外部からの監視 • レポーティング・ラインを通じた情報連携 • 内部通報や外部からのクレーム等，ステークホルダーの声等の分析

 不祥事予防プリンシプル原則 2

■［原則 2］使命感に裏付けられた職責の全う

不祥事予防のプリンシプル原則 2 の内容は，右図のとおりです。

■［原則 2］のポイント

不祥事予防のために，まず経営陣が果たすべき職責は，コンプライアンスに対するコミットメントです。経営陣が一定の体制を構築し，社員に対してメッセージを発したとしても，経営陣に本気度がなければ，また，その本気度が社員に伝わらなければ，社員は経営陣の「建前」としか受け止めません。

経営陣のコンプライアンスに対するコミットメントを示す上で重要なことは，メッセージの発信を継続し続けることと，経営陣が，社員の目に見える具体的な行動でコミットメントを示すということです。たとえば，一方でコンプライアンス推進を強調しておきながら，他方で，実現性のない利益目標を設定していたり，現場のキャパシティを無視した品質基準や納期の設定を行うなどして，過度な業績プレッシャーをかけていたりすれば，社員は，コンプライアンスよりも，利益目標の達成や納期を優先させることが経営陣の「真意」だと受け止めるでしょう。また，社員によるコンプライアンスへの取組みは評価し，違反時には厳正に対処するという姿勢を社員に示し，現に実行することも重要です。

また，監査機関である監査役・監査役会・監査委員会・監査等委員会と内部監査部門，および監督機関である取締役会や指名委員会等は，業務執行機関によるコンプライアンスへの取組み状況を的確に把握・評価する必要があります。そのためには，まず何よりも情報収集と客観的な分析・評価が必要であり，それを実現できる体制づくりも必要です。

原則2	使命感に裏付けられた職責の全う

経営陣は，コンプライアンスにコミットし，その旨を継続的に発信し，コンプライアンス違反を誘発させないよう事業実態に即した経営目標の設定や業務遂行を行う。

監査機関及び監督機関は，自身が担う牽制機能の重要性を常に意識し，必要十分な情報収集と客観的な分析・評価に基づき，積極的に行動する。

これらが着実に実現するよう，適切な組織設計とリソース配分に配意する。

 不祥事予防プリンシプル原則3

■［原則3］双方向のコミュニケーション

不祥事予防のプリンシプル原則3の内容は，右図のとおりです。

■［原則3］のポイント

現場と経営陣の双方向のコミュニケーションの充実と，双方のコンプライアンス意識の共有は，一方が他方を支える関係にあり，両者が相俟（あいま）って不祥事の予防につながります。

コンプライアンスに関するコミュニケーションは，ともすると，経営陣から現場に対するトップダウンの情報発信（規程改定，通達，メッセージの発信等）に終始しがちです。

しかし，不祥事の発生要因となるリスク（コンプライアンス・リスク）を早期に把握したり，現場の実態に合わない業績プレッシャーをかけてしまうことを防止するためには，経営陣が現場の問題意識や実態を把握するという，ボトムアップの情報収集が必要不可欠です。また，トップダウンの情報発信についても，単に発信するだけではなく，現場に根付かせるためには経営陣のメッセージを正確に理解して，丁寧に共有していく存在が必要です。

このような，双方向のコミュニケーションを実現する上で，キーパーソンとなるのが，情報の「ハブ」となる中間管理層です。中間管理層は，経営陣と一体を成す者として，経営陣のメッセージを正確に理解して現場に伝え根付かせる役割を担うとともに，現場の責任者として，現場の声を束ねて経営陣に伝えるという極めて重要な役割を担っています。

経営陣としては，中間管理層の「ハブ」機能を強化するための方策を検討する必要があります。

原則 3	双方向のコミュニケーション

　現場と経営陣の間の双方向のコミュニケーションを充実させ，現場と経営陣がコンプライアンス意識を共有する。このためには，現場の声を束ねて経営陣に伝える等の役割を担う中間管理層の意識と行動が極めて重要である。
　こうしたコミュニケーションの充実がコンプライアンス違反の早期発見に資する。

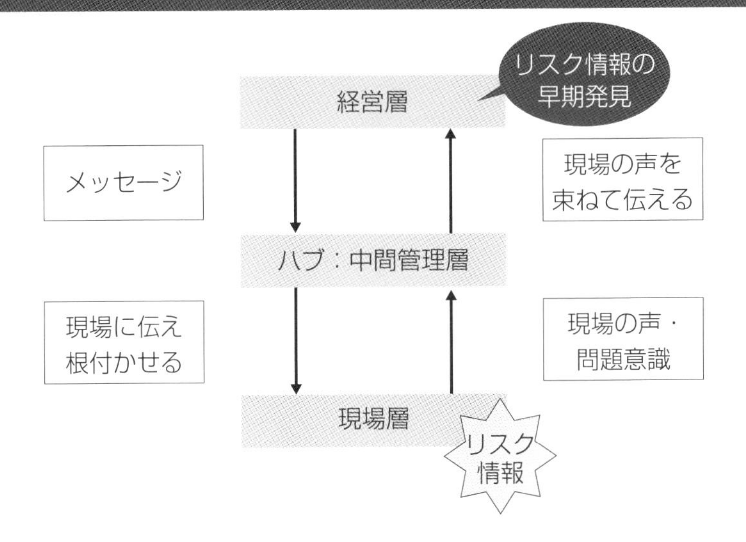

 不祥事予防プリンシプル原則４

■［原則４］不正の芽の察知と機敏な対処

不祥事予防のプリンシプル原則４の内容は，右図のとおりです。

■［原則４］のポイント

およそ不祥事が起こり得ない企業，およそ不祥事の芽（コンプライアンス・リスク）が存在しない企業は存在し得ません。したがって，企業は，不祥事の芽（コンプライアンス・リスク）の存在を認めた上で，これを早期に摘み取り，迅速に対処するサイクルを身につける必要があります。

まず，不祥事やその要因は，それが発生してから経営陣に発見されるまで相当の時間を要しますが，発見までの時間が短ければ短いほど，企業の受けるダメージも少なくなります。

また，不祥事やその要因を発見した場合には，事実関係の確認，原因究明，再発防止策の実施といった対処を迅速に行う必要があります。この再発防止策は，平時の予防統制・発見統制に実装されることによって，企業は，今回発生した不祥事やその要因に対する耐性を備えることとなります。

こうした一連のサイクルが企業文化として自律的・継続的に機能することで，コンプライアンス違反が重大な不祥事に発展することを未然に防止することが可能となり，コンプライアンス違反の発生自体を抑止する効果も持ちます。

原則４	不正の芽の察知と機敏な対処
コンプライアンス違反を早期に把握し，迅速に対処することで，それが重大な不祥事に発展することを未然に防止する。 早期発見と迅速な対処，それに続く業務改善まで，一連のサイクルを企業文化として定着させる。	

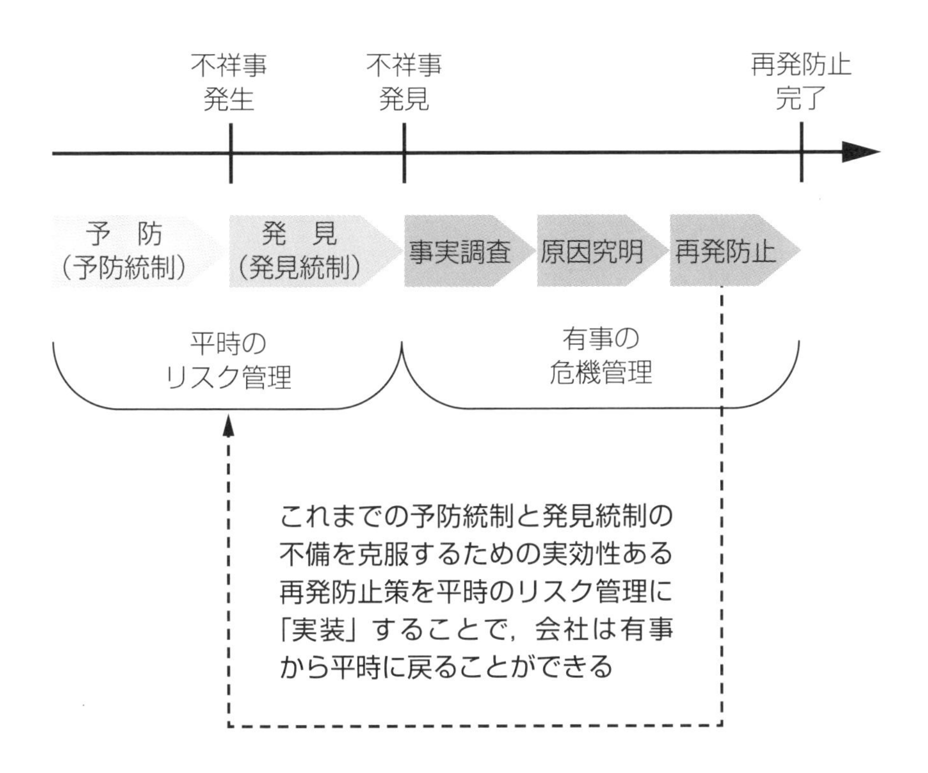

 3つの防衛線①：概説

■3つの防衛線とは

3つの防衛線とは，IIA（The Institute of Internal Auditors：内部監査に関する米国拠点の団体）が組織体制の整備においてリスク管理の責任の所在を明確にするための基本的考え方として提唱し，COSO（米国トレッドウェイ委員会支援組織委員会）「内部統制の統合的フレームワーク」にも示されている考え方であり，事業体の部門を以下のような3つの役割（ディフェンスライン）に分類し，リスク管理におけるそれぞれの役割を整理することによって，内部統制を実行するものです。

八田進二＝箱田順哉監訳『COSO内部統制の統合的フレームワーク　フレームワーク篇』（日本公認会計士協会出版局，2014）183頁以下では，各ディフェンスラインの役割について，右上図のような説明がなされています。3つの防衛線の役割が端的に表現されていますが，各防衛線の「報酬」すなわち評価の独立性の確保についても言及がなされています。

また，ダグラスJ.アンダーソン＝ジーナ・ユーバンクス著，堺咲子訳「3つのディフェンスライン全体でのCOSOの活用」（月刊監査研究，2015年10月号）40頁では，3つの防衛線のあり方について，右下図のようなモデルを示しています。もっとも，同モデルは米国型のガバナンス形態を念頭に置いていることもあり，日本型のガバナンスの企業には直ちに当てはまりにくい面もあります。

本書では，以上のような基礎理論をふまえつつも，日本型のガバナンスを念頭に，3つの防衛線の構築と運用のあり方について，解説をしていきます。

組織は，3つのディフェンスラインを通じて内部統制を考える：
- 現業部門の経営者およびその他の構成員は，日々の内部統制の有効性を維持する責任を負っているので，第1のディフェンスラインを担っている。彼らの報酬は，適用される目的すべてに関する業績に基づいて決定される。
- リスク，統制，法務およびコンプライアンスといった間接管理部門は，内部統制の要件を明確化し，定められた基準の遵守状況を評価するので，第2のディフェンスラインを担っている。彼らは，職務上は支援対象の事業に貼りつけられているが，報酬は専門的助言を与える領域の業績と直接的には結びつけられていない。
- 内部監査人は，内部統制について評価および報告を行い，経営者に是正措置または強化策を検討および実行するよう勧告するので，第3のディフェンスラインを担っている。彼らの地位と報酬は，彼らがレビューするビジネス領域から独立し，区別されている。

（注）下線は筆者
（出所）八田進二＝箱田順哉監訳『COSO内部統制の統合的フレームワーク　フレームワーク篇』（日本公認会計士協会出版局，2014）183頁

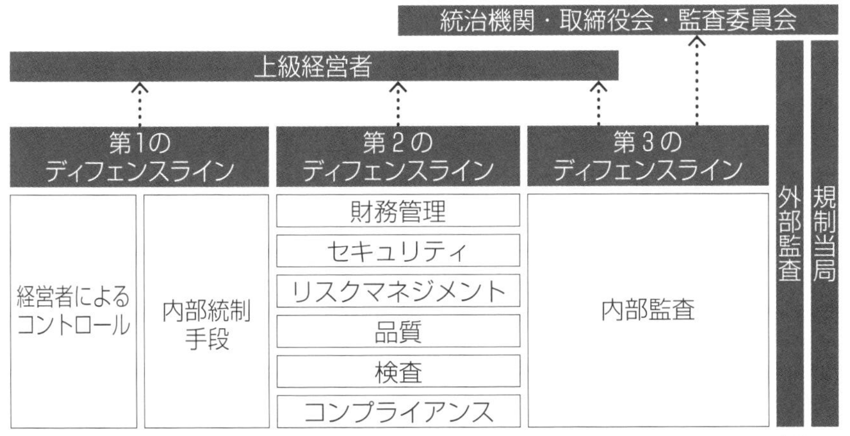

（出所）ダグラスJ．アンダーソン＝ジーナ・ユーバンクス著，堺咲子訳「3つのディフェンスライン全体でのCOSOの活用」月刊監査研究2015年10月号40頁

3つの防衛線②：金融庁コンプライアンス・リスク管理基本方針

3つの防衛線は，企業の管理態勢として，すでに実務に取り入れられています。

■金融庁コンプライアンス・リスク管理基本方針

金融庁は，2018年10月15日，「コンプライアンス・リスク管理に関する検査・監督の考え方と進め方（コンプライアンス・リスク管理基本方針）」を策定・公表しました。この基本方針は，コンプライアンスをリスク管理と捉えた上で，金融機関がコンプライアンス・リスク管理を向上させていくための着眼点を整理しており，そのなかで，リスク管理の枠組みに関する着眼点として，右図のとおり，3つの防衛線について言及しています。

■基本方針に表れている3つの防衛線の概念

1線は事業部門であり，事業活動に起因するリスクの発生源として，リスク管理の第一義的な責任を有するものとされています。事業部門の役職員自身が，コンプライアンス・リスク管理の責任を担うのはまさに自分自身であるという主体的・自律的な意識の下で，業務を実施していくことが重要とされています。

2線はコンプライアンス部門やリスク管理部門等の管理部門であり，これらの部門は，1線の自律的なリスク管理に対して，独立した立場から牽制を行うと同時に，1線を支援する役割も担うべきものとされています。2線は，事業部門の業務およびそこに潜在するリスクに関する理解と，リスク管理の専門的知見とを併せ持つことが求められます。

3線は内部監査部門であり，事業部門や管理部門から独立した立場で，コンプライアンス・リスクに関する管理態勢について検証し，経営陣に対して是正を求め，助言・提言をすることが期待されています。

今後も，企業の管理態勢に関するさまざまなガイドラインにおいて，3つの防衛線の導入が提唱されていくものと見られます。

Line	部　門	機　　能
１線	事業部門	・収益を生み出す事業活動に起因するリスクの発生源であり，一般的に，リスク管理の第一義的な責任を有する ・事業部門自身による現場での管理態勢については，事業部門の役職員自身が，コンプライアンス・リスク管理の責任を担うのはまさに自分自身であるという主体的・自律的な意識の下で，業務を実施していくことが重要
２線	コンプライアンス部門・リスク管理部門等の管理部門	・事業部門の自律的なリスク管理に対して，独立した立場から牽制する役割 ・事業部門の自律的なリスク管理を支援する役割 ・リスクを全社的にみて統合的に管理する役割 ・事業部門の業務及びそこに潜在するリスクに関する理解と，リスク管理の専門的知見とを併せ持つことが求められる
３線	内部監査部門	・事業部門や管理部門から独立した立場で，コンプライアンス・リスクに関する管理態勢について検証し，管理態勢の構築やその運用に不備があれば，経営陣に対し指摘して是正を求め，あるいは管理態勢の改善等について経営陣に助言・提言をする

（出所）　金融庁「コンプライアンス・リスク管理に関する検査・監督の考え方と進め方（コンプライアンス・リスク管理基本方針）」（2018年10月15日）

 3つの防衛線③：導入のポイント

■1線に「リスクオーナー」としての自覚を持たせる

営業活動を行う支社・支店だけではなく，本社部門であっても，売上・利益に責任を負い，コストや納期のプレッシャーを負う営業部門は1線として位置づける必要があります。

これら1線に対しては，「リスクオーナー」として，自部署の業務に内在するリスクを自律的に統制する必要があることを，研修の徹底により十分認識させる必要があります。

■2線は1線の牽制のみならず「支援」も行う

リスク管理部門（財務，人事，法務コンプライアンス，品質管理，情報セキュリティなど）は，2線として位置づけられます。この2線は，業務リスク管理の「全社的な統括者」として，すべてのリスクカテゴリーに対する1線の統制の有効性を検証し，牽制・支援することになります。

ポイントは，2線は，1線による自律的な統制活動を「牽制」するのみならず，「支援」する必要があるという点です。単に，規程や通達を1線に投げるだけで終わっていては，その役割を果たしていることにはなりません。キーワードは，統制ツールの「ユーザビリティ」（使い勝手）です。

2線がこのような役割を果たすためにも，金融庁の基本方針が指摘するように，事業部門の業務およびそこに潜在するリスクに関する理解と，リスク管理の専門的知見とを併せ持つことが求められます。また，2線は，権限のみならず，売上・利益・納期・コスト等のプレッシャーの面においても，1線から独立している必要があります。

■3線は2線の有効性も監査する

内部監査部門は，3線として位置づけられます。この3線は，業務リスク管理体制（1線＋2線）の外に独立して存在し，業務リスク管理体制の有効性を検証します。1線の重箱の隅をつつくだけではなく，2線の有効性も監査することがポイントです。

Line	部　門	機　　能
１線	業績責任を負う事業部門（売上・利益に責任を負う営業部門，生産高・製造コスト・納期に責任を負う生産部門など）	「リスクオーナー」として，自部署の業務に内在するリスクを自律的に統制する
２線	リスク管理部門（財務，人事，法務コンプライアンス，品質管理，情報セキュリティなど）	業務リスク管理の「全社的な統括者」として，すべてのリスクカテゴリーに対する１線の統制の有効性を検証し，牽制・支援する
３線	内部監査部門	業務リスク管理体制（１線＋２線）の外に独立して存在し，業務リスク管理体制の有効性を検証し，改善を促して見届け，その状況を経営者（および監査役等）に報告する

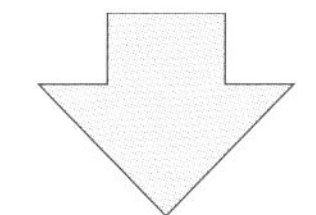

・リスク管理の主役は１線，２線は脇役
・主役が自律的にできるよう，脇役は「支援」

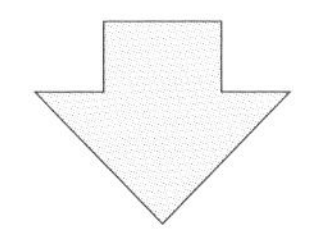

・統制ツールの「ユーザビリティ」（使い勝手）を高めることが，
　今後の２線の大きな課題となる

3つの防衛線④：1.5線の選任と活用

■1.5線の選任と活用

コンプライアンス体制の一環として，現場部門に「コンプライアンス担当者」を配置している会社も多いと思いますが，これを「1.5線」として活用することが有効です。

コンプライアンス担当者は，１線である現場ごとに選任します。

コンプライアンス担当者は，１線の所属員であることには変わりがありませんので，現場長の指揮監督の下，１線業務に従事しますが，同時に，２線の一員として，１線の業務に対するコンプライアンス・リスク管理の支援・牽制機能を持たせるべきです。

同責任者は，現場の最前線のいわば“リスクセンサー”として，１線におけるさまざまなリスク情報を収集し，２線であるコンプライアンス部門へのレポートラインを通じてエスカレーションします。

１線業務に関する部分の人事評価は現場長が担いますが，同責任者としての業務に関する部分の人事評価は２線が担います。なお，現場長は１線の長ですので，２線の１線からの独立性を保つため，同責任者を兼ねさせるべきではありません。

■現場長は１線（リスクオーナー）としての責任から免れられない

ところで，コンプライアンス担当者は，現場長が，現場のコンプライアンス上の業務を“丸投げ”するための存在ではありません。コンプライアンス担当者はあくまで２線としての業務を現場で担うものであり，その役割は，あくまで１線に対する支援と牽制です。現場長は，１線である現場の責任者であるが故に，当然に，当該現場の本来業務に内在するコンプライアンス・リスクを，リスクオーナーとして自律的に統制活動を推進する必要があります。

このような，現場長と，コンプライアンス担当者の役割の違いを十分に根付かせるためにも，３つの防衛線を意識した制度づくりと，本社コンプライアンス部門による，徹底した研修が必要不可欠です。

	事業部門〈１線〉	管理部門〈２線〉	内部監査部門〈３線〉
本社	事業本部長	コンプライアンス責任者	内部監査室
現場	現場長	コンプライアンス担当者	（往査）

コンプライアンス担当者

１線＋２線　→　“１．５線”

- 現場№２として１線業務に従事しつつ，第２線の現場担当者としてリスクセンサーとしての機能を果たす
- 現場のコンプライアンス・リスク情報をコンプライアンス部門にエスカレーション
- 現場業務部分は現場長が人事評価，コンプライアンス責任者業務部分はコンプライアンス統括部が人事評価

 3つの防衛線⑤：1.5線の活用（会計不正）

■1線（営業部門）

会計不正の事例について，会計に関する1線は，営業部門である営業本部長と支店長となります。これらは会計リスクのリスクオーナーとして，自律的に会計不正リスクを統制する義務を負っていますが，同時に売上や利益のプレッシャーを受ける立場にもあります。

■2線（財務部門）

これに対し，財務部門である本社CFOや支店経理担当者は2線として，1線の適正な会計処理を牽制・支援することによって不正な会計処理を予防します（予防統制）。また，1線の営業本部長・支店長による不正な会計処理を支店の会計担当者が発見した場合には，2線のラインを利用して直ちに本社の経理部門長やCFOに報告（エスカレーション）することによって，本社が早期に不正を把握し早期に是正できるようにします（発見統制）。

支店の経理担当者は，支店での経理伝票処理などの現業を担うため，1線としての立場と2線としての立場を両立する「1.5線」になります。本社のCFOは現場の経理担当者をしっかりとサポートし，2線としての機能が維持・強化されるような方策を講じるべきです。

■3線（内部監査部門）

本社・内部監査部門は3線として，往査を通じ，1.5線である経理担当者による予防統制と発見統制の有効性をしっかりと監査します。

【３線ディフェンスの有効活用による会計不正の統制】

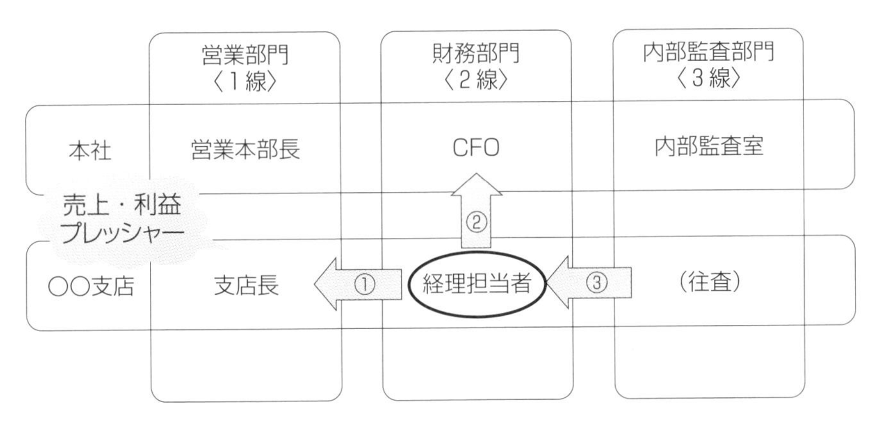

① 支店の経理担当者として，支店で適正な会計処理が行われるように牽制して支援する〈予防統制〉

② 支店で不正な会計処理が行われたことを発見し，本社CFOに伝達（エスカレーション）する〈発見統制〉

③ 内部監査室の支店に対する往査では，上記①②の統制活動が有効かどうかを監査する〈２線に対する監査〉

 3つの防衛線⑥：1.5線の活用（品質不正）

■1線（生産部門）

品質データ改ざん不正の事例については，品質管理に関する1線は，生産部門である生産本部長と工場長となります。これらは品質リスクのリスクオーナーとして，自律的に品質リスクを統制する義務を負っていますが，同時に，コストや納期のプレッシャーを受ける立場にもあります。

■2線（品質保証部門）

これに対し，品質保証部門である本社・品質保証本部長や，工場の品質保証担当者は，コストや納期のプレッシャーから独立した2線として，工場で適切な品質保証が行われるよう，牽制・支援することによって，不正の発生を予防します（予防統制）。そして，工場の品質保証担当者が，工場で品質データ改ざんなどが行われていることを発見した場合，本社・品質保証本部長に伝達（エスカレーション）することで，本社が早期に不正を把握し早期に是正できるようにします（発見統制）。

工場の品質保証部門は，顧客と直接相対して製品の品質についての説明を行ったり，クレーム対応の業務に従事したりするため，1線としての立場と2線としての立場を両方有する「1.5線」になります。本社の2線が工場の品質保証部門の業務をサポートおよび監督することによって2線としての機能を強化したり，品質保証部門の機能をさらに分化させて，2線としての機能に純化した組織を設けるべきでしょう。

■3線（内部監査部門）

本社内部監査部門は3線として，往査等を通じ，1.5線である品質保証担当者による予防統制と発見統制の有効性をしっかりと監査します。

【3線ディフェンスの有効活用による品質データ不正の統制】

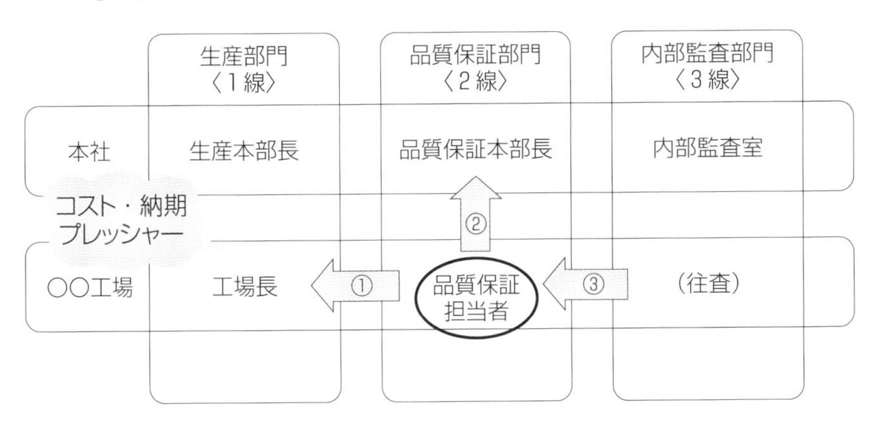

①　工場の品質保証担当者として，工場で適正な品質管理が行われるように牽制して支援する〈予防統制〉

②　工場で品質データ改ざんが行われたことを発見し，本社品質保証本部長に伝達（エスカレーション）する〈発見統制〉

③　内部監査室の工場に対する往査では，上記①②の統制活動が有効かどうかを監査する〈2線に対する監査〉

 東芝の内部管理体制改善報告から学ぶ

■東芝の「内部管理体制の改善報告」

東芝は，2017年10月，不正会計問題発覚に関する内部管理体制改善の状況と今後の取組み等を報告するため，「内部管理体制の改善報告」を公表しました。

本報告は，内部管理体制の高度化に取り組む会社にとって格好の素材を提供する内容です。特に，本報告の内容を３つの防衛線の観点から整理すると下記のようになります（詳細は，竹内朗「内部管理体制の高度化に向けた取組み―東芝の『内部管理体制の改善報告』を題材として」旬刊商事法務2157号12頁）。

■１線の強化策～リスクオーナーシップの醸成

経理部門以外で会計処理にかかわる部門のグループ長等を対象に，ケーススタディを通じて自部門の会計リスクを認識し，原因および対策についてディスカッションを行う「会計コンプライアンスワークショップ」を開催しました。

■２線の強化策～純化，プロ化，タテ串

管理会計が混在しており，適正な財務報告ができない状況にあった財務部の機能を財務会計に「純化」しました。また，外部人材登用の拡大，外部専門家の設置により，財務会計の「プロ化」を行いました。さらに，指名委員会にCFO選解任の拒否権を与え，CFO－主計部－カンパニー経理室というラインの指揮命令系統と独立性を確保して，２線の「タテ串」を通しました。

■３線の強化策～純化，プロ化，タテ串

本来の監査機能が疎かになっていた経営監査部から事業コンサルティング機能を切り出し，新設された内部監査部は，業務を会計監査，内部統制監査，適法性監査および妥当性監査に限定，集中して「純化」しました。また，資格取得や専門研修の推進，バランスのとれた人員配置，外部専門家の活用といった「プロ化」を行いました。さらに，内部監査部を監査委員会の直轄組織とし，内部監査部内の各グループ長が担当するカンパニーの月次報告会議等にオブザーバーとして参加等することで，３線にも「タテ串」を貫通しました。

	事業企画部門 営業部門等 〈１線〉	財務部門 〈２線〉 （財務会計に純化）	内部監査部門 〈３線〉 （監査に純化）
取締役会		指名委員会	監査委員会
コーポレート	会計 コンプライアンス ワークショップ	CFO 主計部 （プロ化）	内部監査部 （プロ化）
カンパニー	会計 コンプライアンス ワークショップ	CFO 経理室 （プロ化）	月次報告会議等に オブザーバー参加

 リスクマップ①：概説

■日本版SOX法対応ではない「リスクマップ」

上場会社は，2008年に金融商品取引法が内部統制報告制度（いわゆる日本版SOX法）を導入した際，財務報告に係る内部統制のツールとして「リスク・コントロール・マトリクス（RCM）」を作成しているものと思います。

リスク管理の対象範囲を，財務報告に限らず事業遂行に伴うあらゆるリスクにまで拡げ，会社法上の内部統制を整備するために有効なツールとして活用が期待されるのが，本項にいう「リスクマップ」です。

■リスクマップの作成

タテ軸にリスクカテゴリーを網羅的に並べ，ヨコ軸に「①固有リスク評価→②統制活動→③統制活動の有効性評価→④残余リスク評価→⑤対策の優先度」を並べるマトリクスの形式をもってリスクマップを作成することを推奨します。リスクマップの作成により，事業遂行に伴うあらゆるリスクに対する統制活動の現状と課題の「見える化」効果，各現場に対する「見てる化」効果，経営陣に対する「見せる化」効果が期待されます。

不祥事予防のプリンシプルは，原則１で「実を伴った実態把握」として「自社のコンプライアンスの状況を制度・実態の両面にわたり正確に把握する」ことを求めていますが，現場のリスクを丁寧に拾い集め，現場の統制の有効性を評価するというリスクマップの作成プロセスは，まさにこの原則１の実践となります。

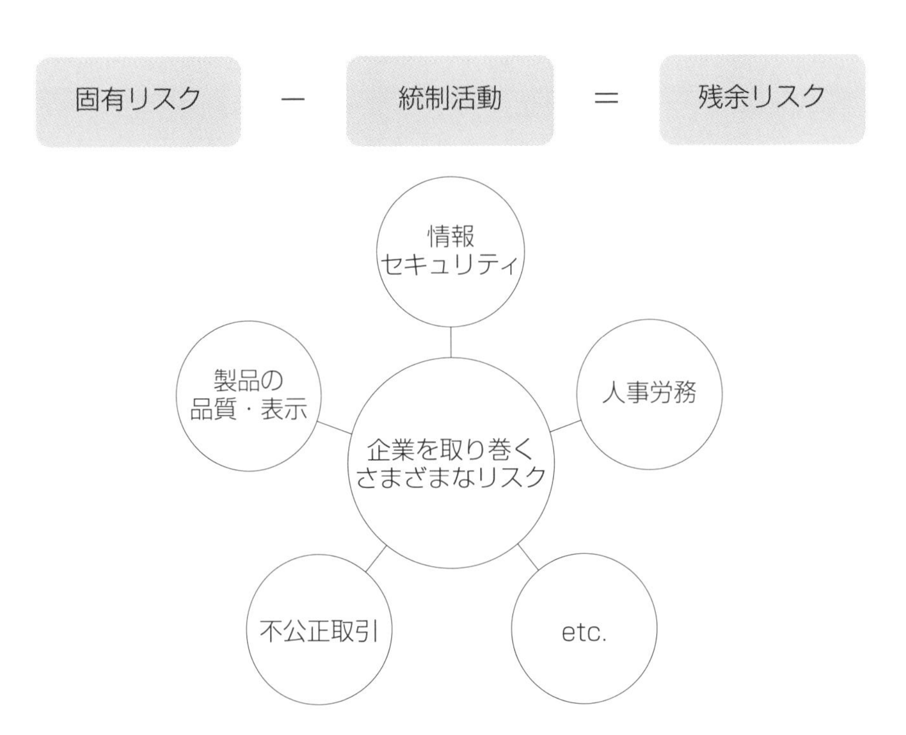

リスクの見える化・見てる化・見せる化

 リスクマップ②：作成方法

■リスクマップを最初に作成する際の手順

①**リスクの特定**：リスク領域ごとに，どのようなリスクがあるかを洗い出し，特定します（現場に配置したコンプライアンス担当者の声を活用するとよいでしょう）。たとえば，右図のように「情報セキュリティ分野」であれば，メール郵送物誤送信，機密情報持出し・第三者に売却などといったリスクです。その際，統制活動の実施主体を明確にするためにも，リスクの所管部署も特定しておきます。

②**固有リスクの評価**：特定したリスクについて，そのリスクが持つ影響度の大きさを評価します（固有リスク）。リスクの大小は，「発生可能性×損失影響度」で算出します。客観的な指標から定量的に評価できればベストですが，それが難しい場合には３～５段階程度で評価することとしてもよいでしょう。

③**統制活動**：評価した固有リスクに対し，自社がどのような統制を講じているのかを特定します。右図の例でいえば，メール郵送物誤送信というリスクに対して，上司の承認後にメール送信を行うルールを整備しているのであれば，それを記載します。

④**統制活動の有効性の評価**：規程や通達が整備されても，それが現場でまったく守られていなければ，その統制活動の効果はゼロです。対象となるリスクが統制活動によりどれだけ低減されているか，各現場の実態をふまえて評価することが大事です。

⑤**残余リスク評価**：固有リスクに対し，統制活動の結果，どの程度のリスクが残存しているかを評価します。固有リスクの数値から，統制活動の数値を差し引く形で特定してもよいですが，右図では，Ｌ（Low），Ｍ（Middle），Ｈ（High）の３段階評価としています。

⑥**対策の優先度**：残余リスク評価は単なる過去の通信簿にすぎません。そこから対策の優先度をつけ，次のアクションプランを導き出すことがリスクマップのゴールになります。

ポイント！

【リスクマップのサンプル】

大分類	小分類	所管部署	固有リスク評価	統制活動	統制活動の有効性評価	残余リスク評価	対策の優先度
情報セキュリティ	メール郵送物誤送信	情報システム部	1	上司の承認後にメール送信	3	L	C
	機密情報持出し，第三者に売却	情報システム部	2	業種・階層別にアクセスできる情報を制限	2	M	B
	サイバー攻撃，ウイルス感染，情報資産壊滅	情報システム部	3	専門業者による脆弱性テストを毎年実施（予定）	1	H	A
人事労務	過重労働	人事部					
	ハラスメント	人事部					
製品の品質・表示	データ改ざん製品の出荷	品質管理部					
	製品性能の不当表示	品質管理部					
不公正取引	談合・カルテル	法務部					
	下請法違反	法務部					
	外国公務員贈賄	法務部					

 リスクマップ③：リスク管理委員会を活用したPDCA

■4月の委員会

4月の委員会では，半期ごとに①KPIの定点観測を行います。具体的には，この半期になされた内部通報の状況，訴訟や重大クレームの状況，長時間労働の状況，長期滞留債権の状況，品質問題の状況，反社会的勢力排除の状況，交通事故の状況などにつき，件数，概要，対応状況などを整理して報告を受け，定期的にモニタリングします。

さらに，半期ごとに③リスクマップを更新します。法令改正や社会情勢の変化，他社不祥事の報道などにより，固有リスクが大きく跳ね上がることがあり，その場合には，会社が実施している統制活動が同じであっても，残余リスクは跳ね上がります。したがって，半期ごとのモニタリングは欠かせません。

更新されたリスクマップに基づいて，対策の優先度の高いリスクテーマ【A】を選び取り，今半期で予算と人材を投入して徹底した統制活動を行うことを意思決定します。統制活動が2線のひとりよがりにならないように，半期末には内部監査による統制活動の効果測定を行います。

■9月の委員会

9月の委員会では，②4月に意思決定したリスクテーマ【A】に対する前半期の統制活動を効果測定し，これが有効と評価されれば，同テーマに対する残余リスクと対策の優先度を下げるなど，③リスクマップを更新します。

更新されたリスクマップに基づいて，次なる対策の優先度の高いリスクテーマ【B】を選び取り，今半期で予算と人材を投入して徹底した統制活動を行うことを意思決定します。

■経営とのキャッチボールが大事

こうしたPDCA活動を半期ごとに繰り返せば，リスク管理体制は必ず高度化し，関係者は手応えや達成感を感じることができます。また，次なるリスクテーマについて予算と人材を投入して統制活動を行うことを経営に「提案」して「承認」を得るというキャッチボールを続けることが大事です。

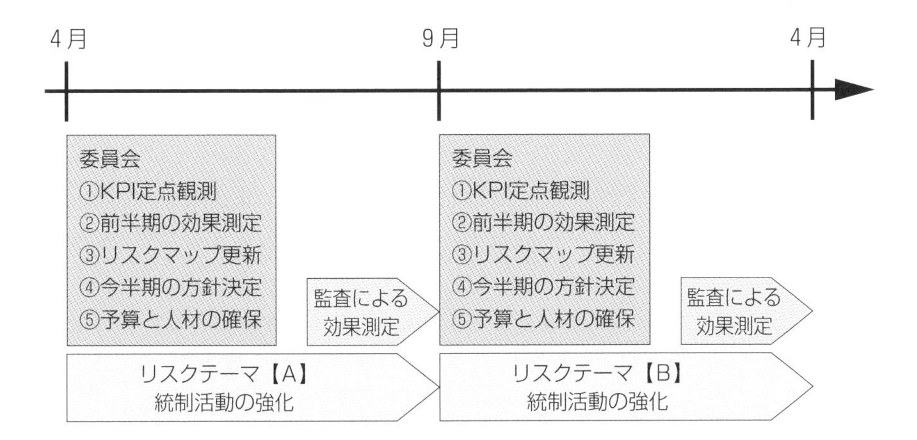

・リスクマップの更新を通じて，優先度の高いリスクテーマを抽出
・予算と人材の確保を経営に「提案」 ⇒ 承認 ⇒ 統制活動の強化
・このPDCAを半期ごとに回すことで，内部統制は高度化する
・更新されたリスクマップを提示して，経営に対する「説明責任」を果たす

 リスクマップ④：改正開示府令への対応

■ディスクロージャーワーキング・グループ報告の概要

2018年6月28日に公表された金融審議会「ディスクロージャーワーキング・グループ報告―資本市場における好循環の実現に向けて―」において，企業情報の開示・提供のあり方に関して，右図の内容が報告されました。これらの内容をふまえ，金融庁の今後の取組みの1つとして開示ルールの策定（開示府令改正）が挙げられ，2019年1月31日に「企業内容等の開示に関する内閣府令の一部を改正する内閣府令」が公布，施行されました。

■「事業等のリスク」の開示充実と虚偽記載のおそれ

開示府令の改正により，有価証券報告書の記載項目の1つである「事業等のリスク」については，①従来MD&Aの項目に記載していた重要事象等を解消し，または改善するための対応策が「事業等のリスク」で統合されることになるとともに，②経営者が重要な影響を与える可能性があると認識している主要なリスクについて，顕在化する可能性の程度や時期，対応等の記載を具体的に求められます。この改正は，2020年3月期から適用が開始されます。

この改正のパブリックコメントでは，「提出日現在において，経営者が企業の経営成績等の状況に重要な影響を与える可能性があると認識している主要なリスクについて敢えて記載をしなかった場合，虚偽記載に該当することがあり得る」とされています。また，実施していないリスク対応を記載することも，やはり虚偽記載となるおそれがあります。

■早急にリスクマップ作りを

改正開示府令が求めることに的確に対応し，虚偽記載のおそれを回避するには，早急にリスクマップを作成し，主要なリスクを特定し，固有リスク・統制活動・残余リスクを確認し，こうしたPDCAをいち早く回し始めることで，リスク管理体制の高度化を図っていく必要があります（詳細は，竹内朗＝岩渕恵理ほか「『事業等のリスク』の有報開示強化に備えたリスク管理体制の高度化―リスクマップの作成と更新によるPDCAの導入」旬刊商事法務2208号37頁）。

ディスクロージャーワーキング・グループ報告の概要

Ⅰ　「財務情報」および「記述情報」の充実

Ⅱ　建設的な対話の促進に向けたガバナンス情報の提供

Ⅲ　提供情報の信頼性・適時性の確保に向けた取組み

Ⅳ　その他の課題（EDINETの利便性向上等）

内閣府令の改正により「事業等のリスク」の開示充実

改正前	改正後
２　【事業等のリスク】 ・投資者の判断に重要な影響を及ぼす可能性のある事項	２　【事業等のリスク】 ・経営者が重要な影響を与える可能性があると認識している主要なリスクについて，顕在化する可能性の程度や期待，対応等
・重要事象等が存在する場合には，その具体的な内容	・重要事象等が存在する場合には，当該重要事象等についての分析・検討内容および当該重要事象等への対応策

金融庁によれば，重要な影響を与える可能性があると認識している
主要なリスクについてあえて記載しないと……

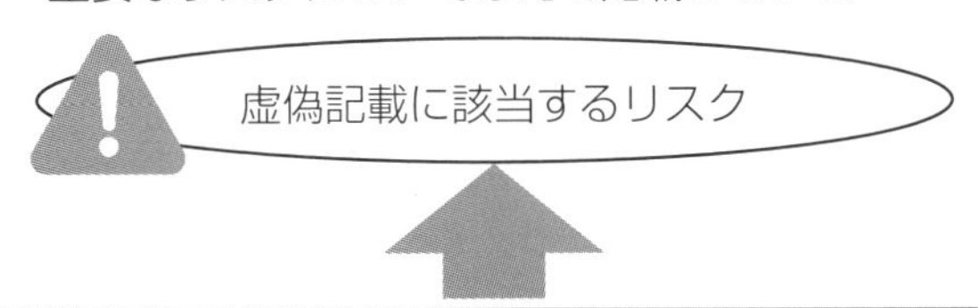

2020年３月期の適用に向けて，
早急にリスクマップを作成し，リスク管理体制の高度化を

第 3 章

不祥事の早期発見（発見統制）

 発見統制の必要性とポイント

■昨今の不祥事の特徴

昨今の不祥事に見られる特徴として，

① 不祥事が発生してから経営トップが発見して是正するまでの時間が「長期化」し，ダメージが深刻化する

② 中間管理層が不祥事の「社内隠ぺい」を働き，経営トップの発見を遅らせる

③ 経営トップが不祥事を社員から知らされず，社外から突如として攻撃を受け，「対応が後手」に回る

等の事態があげられます。これらの事態はいずれも経営トップにとっては容認しがたいものです。

■発見統制の必要性

どんなに未然防止を尽くしても不祥事を完全に防ぐことはできません。また，未然防止を完璧にしようとあまりに厳格な予防統制を導入すると，業務効率が低下する上，非現実的なルールが現場で無視され無力化するといった弊害が生じます。

したがって，未然防止の取組みに加えて，不祥事を早期に発見し，早期に是正できる体制をバランスよくコンビネーションで整備することで，不祥事発生後のダメージコントロールを図ることが重要です。

昨今の不祥事の特徴

①　不祥事が発生してから経営トップが発見して是正するまでの時間が「長期化」し，ダメージが深刻化する	
具体例	・アルミ・銅製品の検査データ改ざんは1970年代から行われていたが，自ら手を染めていた社員が代表取締役副社長にまで昇格しても，取締役会に隠していた ・エアバッグの異常破裂による死傷事故が多発していたが，原因究明と市場対応が遅れた ・美白化粧品による白斑のクレームがユーザーと皮膚科医師から多数寄せられていたが，製品に問題があるとの判断が遅れた
②　中間管理層が不祥事の「社内隠ぺい」を働き，経営トップの発見を遅らせる	
具体例	・免震ゴムの検査データ改ざんの疑義を担当者から指摘された開発技術部長が，特段の対応をせず放置した ・燃費測定方法のコンプライアンス違反が性能実験部の新人提言発表会で指摘されたが，中間管理層がうやむやにした ・工場で無資格者による完成検査が行われていたが，国交省検査や内部監査の際には無資格者を隠すなどの隠ぺい工作が行われた
③　経営トップが不祥事を社員から知らされず，社外から突如として攻撃を受け，「対応が後手」に回る	
具体例	・公取委の立入調査を受けて初めて，談合・カルテルが行われていることを知る ・社員の内部告発を受けたテレビ局から取材を受けて初めて，古紙含有率が偽装されていたことを知る ・軽自動車を共同開発する他社から指摘を受けて初めて，燃費性能の偽装が行われていたことを知る ・国交省の立入検査を受けて初めて，無資格者による完成検査が行われていたことを知る

 リスク情報把握から是正までの一連のサイクル

■リスク情報の伝達ライン

多くの不祥事において，経営層が知らない段階でも，現場層はリスク情報を把握しています。そして，現場のリスク情報がリスク管理部門や経営者に伝達されれば（まともな）経営者はいち早く是正策を講じようとします。リスク情報を把握した現場層が，現場で起きた問題は現場だけで解決しようとすることはよくあることですが，組織内で起きた問題は，組織の上層に上げるほど解決の選択肢が増え，全体最適をふまえた最適解を探すことができるものであり，そうした組織論からもリスク情報の上層への伝達は合理的な行動です。

右頁の図のように，

「現場層がリスク情報を把握→中間管理層を通じて経営層にリスク情報が速やかに伝達→経営層が経営資源を投入し是正」

という流れが理想のサイクルです。発見統制においては，このようにリスク情報が速やかに組織の上層に伝達（エスカレーション）される仕組みを作ることが何よりも重要です。また，「自らのリスク情報伝達により速やかな是正が図られた」という現場の成功体験は，別のリスク情報が発見された際の早期伝達につながり，リスク情報伝達のサイクルに好循環が生まれます。

■不祥事予防プリンシプル原則４

不祥事予防プリンシプルの原則４は，「不正の芽の察知と機敏な対処」として，「コンプライアンス違反を早期に把握し，迅速に対処することで，それが重大な不祥事に発展することを未然に防止する。早期発見と迅速な対処，それに続く業務改善まで，一連のサイクルを企業文化として定着させる」と述べています。

不祥事予防プリンシプルにおいても，リスク情報が速やかに伝達され，それに続いて迅速な対処，業務改善が行われるという一連のサイクルが重視されていることがわかります。

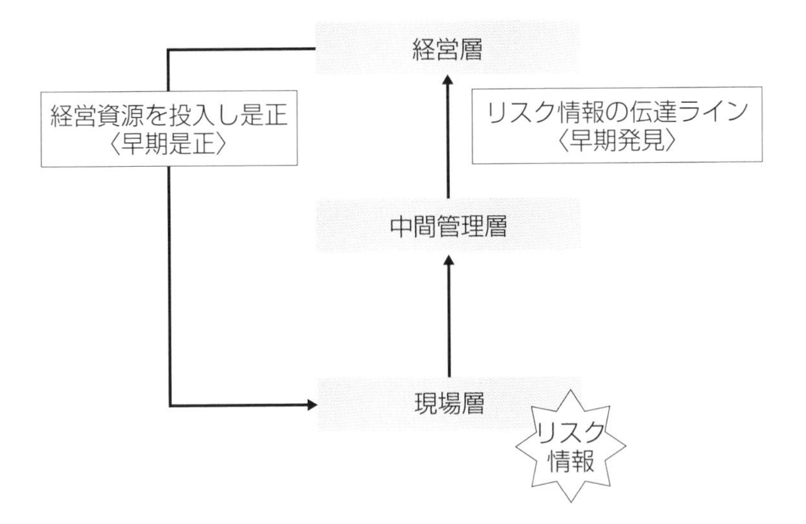
経営層
経営資源を投入し是正
〈早期是正〉
リスク情報の伝達ライン
〈早期発見〉
中間管理層
現場層
リスク
情報

 メインライン＝職制上のレポートライン

■メインライン

メインラインとは，職制上のレポートラインのことです。リスク情報の伝達ラインの強化というと内部通報制度を思い浮かべる方も多いようですが，内部通報制度は，職制上のレポートラインが目詰まりを起こして正常に機能しなくなった場合に備えたバイパスラインにすぎません。リスク情報を迅速に経営層に伝えるためには，何よりも，平常時から機能すべきメインラインを磨かなければなりません。これを怠ったまま，バイパスラインだけを整備しようとするのは，発見統制の強化策としては本末転倒ではないかという疑問があります。メインラインをしっかり磨く＝職制上のレポートラインを強化することが重要です。

■不祥事予防プリンシプル解説１－３

メインラインの重要性については，不祥事予防プリンシプル原則１の解説１－３にも，「本来は，通常の業務上のレポーティング・ラインを通じて，正確な情報が現場から経営陣に確実に連携されるメカニズムが重要である。一方，本来機能すべきレポーティング・ラインが目詰まりした場合にも備え，内部通報や外部からのクレーム，株主・投資者の声等を適切に分析・処理し，経営陣に正確な情報が届けられる仕組みが実効性を伴って機能することが重要である」との記載があります。

■メインラインの強化策

このように重要なメインラインを強化するための有効な方法としては，中間管理層研修を行い，中間管理層のリスク・リテラシーを高めることや，３つの防衛線によりメインラインのなかでもレポートラインを複線化すること等があげられます。

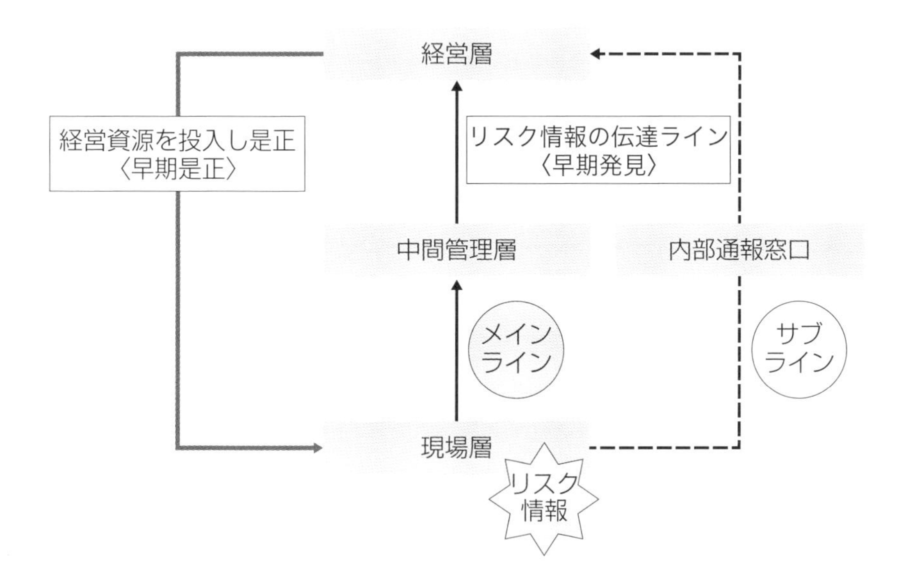
経営層
経営資源を投入し是正
〈早期是正〉
リスク情報の伝達ライン
〈早期発見〉
中間管理層
内部通報窓口
メイン
ライン
サブ
ライン
現場層
リスク
情報

 中間管理層研修でリスク・リテラシーを高める

■中間管理層研修の重要性

メインラインの中核は，中間管理層がリスク情報を下から「収集」し，そのリスク情報を迅速かつ適切に上に「伝達」することにあります。

このような本来あるべきリスク情報の伝達を阻害する要因としては，中間管理層の，

①リスク・リテラシーの欠如，

②部分最適の意識と行動

があげられます。そこで，中間管理層の，

①リスク・リテラシーの強化，

②全体最適の意識と行動

に結び付けることが重要な課題となります。

■中間管理層研修の具体的内容

上記①および②の課題を解決するために効果的なのが，中間管理層に対する継続的な研修を行うことです。右頁の図は企業の中間管理層研修で実際に使った教材を一部改変したものです。このように，ケーススタディの形式で，中間管理層一人ひとりにじっくり考えさせ，リスク・リテラシーを高めるような内容とすることが理想です。また，１回だけの研修で中間管理層の意識と行動を変革することは困難ですので，研修を継続的に続けていくことが大切です。

一般的な中間管理層研修は，新任の管理職になる際に１回だけ行うとか，コンプライアンス研修として細かい法令知識を植え付けようとするものが少なくありません。中間管理層をリスク情報の伝達のハブ，メインラインの中核と位置づければ，このような研修では意味をなさないことが理解されると思います。

【機密データ持出し】

1．あなたは，「社員Ａが機密データを持ち出しているのではないか？」という噂を，複数の社員から聞いた。注意をして見ていると，必要のない休日出勤や大量のデータ取得など，たしかに怪しげな行動がある。

〈陥りやすい発想〉
・単なる噂だから，気にすることはない
・証拠がないのだから，Ａを犯人扱いはできない
・自分が行動することで，余計な仕事を増やしたくない
・そのうち誰かが問題にしてくれるだろう

〈陥りやすい行動〉
・見ないふり，聞かないふり

〈あるべき発想〉
・噂が本当だとしたら，会社は重大なリスクに直面している
・Ａが犯人かどうかは，調べてみないとわからない
・ここで行動するのは，余計な仕事ではなく本来の仕事
・１日も早く確認しなければデータが漏洩するかもしれない

〈あるべき行動〉
・自ら調べる，会社に伝える

2．あなたがＡに訊ねたところ，「データを持ち出したが，まだどこにも売っていない。明日必ず返却するので，どうか会社には黙っていてほしい」といわれた。翌朝，Ａは大量のデータが入った記憶媒体と，「すべてのデータを返却し，コピーも残していません」との念書を差し出して，「これで一件落着です，約束どおり，どうか会社には黙っていてほしい」と頼み込んだ。

〈陥りやすい発想〉
・これで問題は解決した，データ売却は阻止できた
・自分の行動でＡの人生を壊したくない，Ａに恨まれたくない
・自分の部署でデータ漏洩事故が発覚したとなると，人事評価に響く

〈陥りやすい行動〉
・自分の胸にしまっておく

〈あるべき発想〉
・１日も早くセキュリティホールを塞がなければ，次の事故が起きる
・Ａの行為が処分に値するかどうかは会社が決めること
・会社に黙っていることは社内隠ぺいという重罪に当たる

〈あるべき行動〉
・会社に伝え再発防止につなげる

3つの防衛線による発見統制の強化

■3つの防衛線によるレポートラインの複線化

レポートラインに3つの防衛線の概念を取り入れることは，発見統制の強化にもつながります。すなわち，レポートラインを3線に分けて複線化しておくことによって，仮に，どこかのラインでリスク情報の伝達が目詰まりしてしまっても，別のルートからリスク情報を伝達させることが可能になるのです。

■2線によるリスク情報の伝達

たとえば，1線の支店長などは業績プレッシャーを負っているため，不正行為に走りやすい状況にあり，不正行為の隠ぺいを行いがちです。しかし，支店の2線が適切に機能していれば，2線による早期の不正発見が可能となりますし，仮に1線が隠ぺいを図っても，支店の2線から本社の2線に対して，不正行為を伝達（エスカレーション）することが可能になり，早期是正につながります。

■1線によるリスク情報の伝達

1線は，自らが「リスクオーナー」として，自部署の業務に内在するリスクへの意識を高め，リスク情報を自発的に申告する意識・風土を醸成し，自律的な統制を目指す責任があることを自覚しなければなりません。たとえば，リスク情報の申告を積極的に奨励する制度を設けるなど，発見統制に資する仕組みを整える一次的な責任は1線が負っています。2線が1線に対して，発見統制の重要性を教育することも大事です。

■3線によるリスク情報の伝達

3線が支店に対する往査を行った際に，不正行為の存在などリスク情報を把握することもあり，その場合には即座に本社に伝達されます。もっとも，3線による往査の本来の目的は，支店における不正行為の発見ではなく，支店における1線や2線によるリスク管理が有効かどうかの監査にあることを忘れてはなりません。

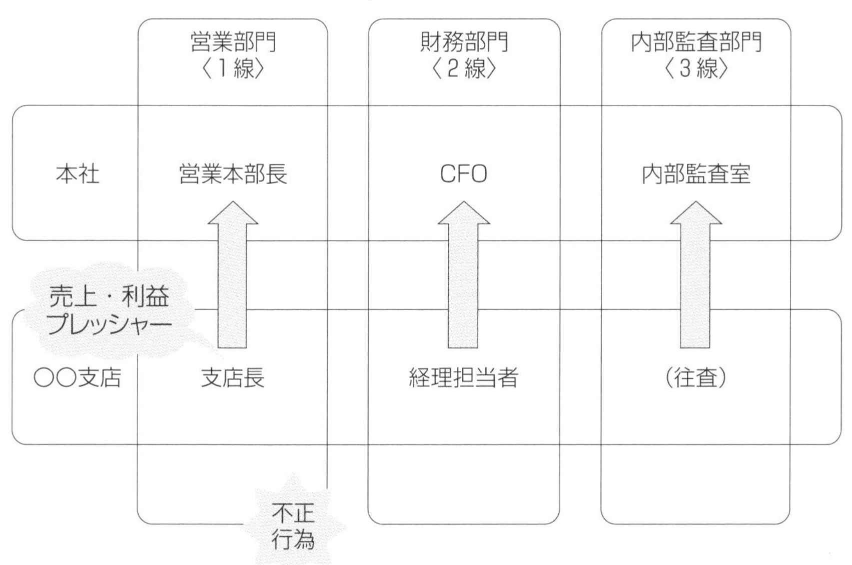
【会計不正】
営業部門
〈1線〉
財務部門
〈2線〉
内部監査部門
〈3線〉
本社
営業本部長
CFO
内部監査室
売上・利益
プレッシャー
○○支店
支店長
経理担当者
（往査）
不正
行為

 サブライン＝内部通報制度の活用

■サブラインとしての内部通報制度

内部通報制度は，メインライン＝職制上のレポートラインが目詰まりした場合のバイパスラインとして位置づけられます。まずはメインラインを強化すべきですが，役職員が利用しやすい内部通報制度を整備することにより，メインラインを通じた報告が困難な場合にも，内部通報制度を通じたリスク情報の伝達が可能になります。また，役職員が，企業外部に内部告発を行うのではなく，内部通報制度を通じて企業内部へリスク情報を伝達しようと考えるようになります。すなわち，実効的な内部通報制度を整備することは，企業が自浄作用を発揮することにつながります。

■内部通報ガイドライン

内部通報制度に関する資料として，消費者庁の「公益通報者保護法を踏まえた内部通報制度の整備・運用に関する民間事業者向けガイドライン」（以下「内部通報ガイドライン」といいます。平成28年12月９日）があります。

内部通報ガイドラインには，内部通報制度の意義や，整備・運用，通報者の保護，制度の評価・改善等に関する留意点が記載されており，企業において，内部通報制度を整備・運用する際に大変参考になります。

■内部通報制度の信頼性・安心感向上のための施策

内部通報制度の利用をためらう役職員に理由を尋ねると，自分が通報をした事実が漏れ，何らかの不利益を被るのではないかと不安であると答える方は多く，内部通報制度を有効に機能させるためには，制度の信頼性・安心感を向上させることが必要不可欠です。

そのための施策としては，端緒が通報であることを伏せて調査を行う，通報情報の共有を必要最小限にする，匿名性が守られることを役職員に周知する，自社の内部通報制度の改善点についてアンケートを実施する等が考えられます。

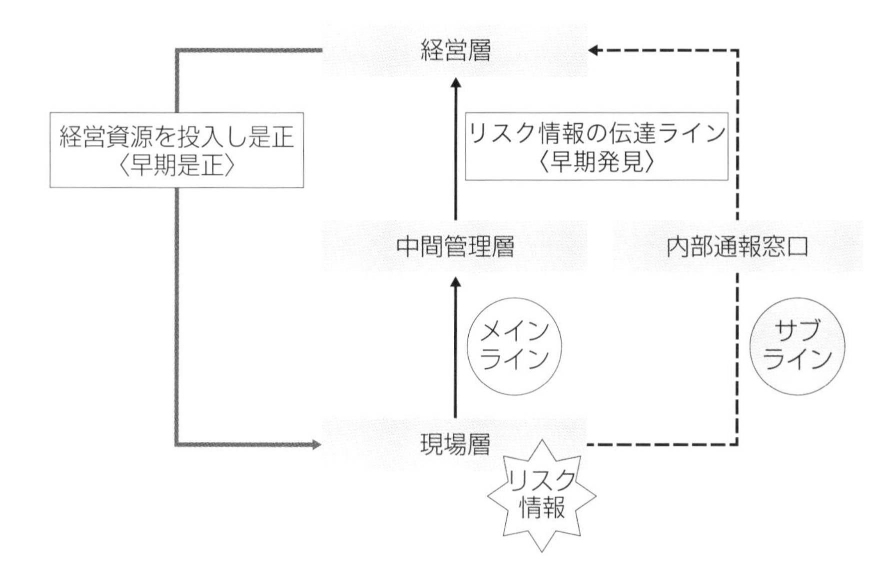
経営層
経営資源を投入し是正
〈早期是正〉
リスク情報の伝達ライン
〈早期発見〉
中間管理層
内部通報窓口
メイン
ライン
サブ
ライン
現場層
リスク
情報

 経営陣から独立した内部通報外部窓口の設置

■経営陣から独立した内部通報外部窓口

CG コード原則２－５およびその補充原則２－５①は，「上場会社は，内部通報に係る体制整備の一環として，経営陣から独立した窓口の設置（例えば，社外取締役と監査役による合議体を窓口とする等）を行うべき」と定めています。また，内部通報ガイドラインにおいても，「経営陣から独立性を有する通報ルートを整備することや，外部窓口を活用することが適当である」と記載されています。

内部通報制度の一環として「外部窓口」を設定している会社は多いですが，その外部窓口が，通報内容を匿名化して内部窓口（コンプライアンス部門等）にパス・スルーするだけの体制である場合，情報の実質的な受け手は当該部門となるため，「経営陣から独立した窓口」を設定したとは評価されない可能性があります。

このような問題を解決するためには，①通報された事案を把握した上でリスクを評価し，②企業の内部統制環境・事案・リスクの性質に応じて報告先（コンプライアンス部門，内部監査部門，社外役員等）を選択して報告を行い（たとえば，経営にかかわる重要な事案であれば社外取締役等に，現場レベルの事案であればコンプライアンス部門等に報告），③社内調査の支援までを行うことのできる内部通報外部窓口を設置することが有用です。

■通報受理と事実調査との連動

内部通報によってリスク事象を認知した企業は，迅速かつ深度ある事実調査を実施する必要がありますが，担当部門にそのノウハウが乏しい場合，事実調査には困難が伴います。そのような場合，法律事務所を内部通報外部窓口として設置することで，通報者を保護しながら，慎重かつ効果的な事実調査を行うことが可能になります。

なお，内部通報ガイドラインには，内部通報外部窓口を設置する際の留意点として，「中立性・公正性に疑義が生じるおそれ又は利益相反が生じるおそれがある法律事務所…等の起用は避けることが必要である」と記載されています。

社外通報窓口の振分け機能

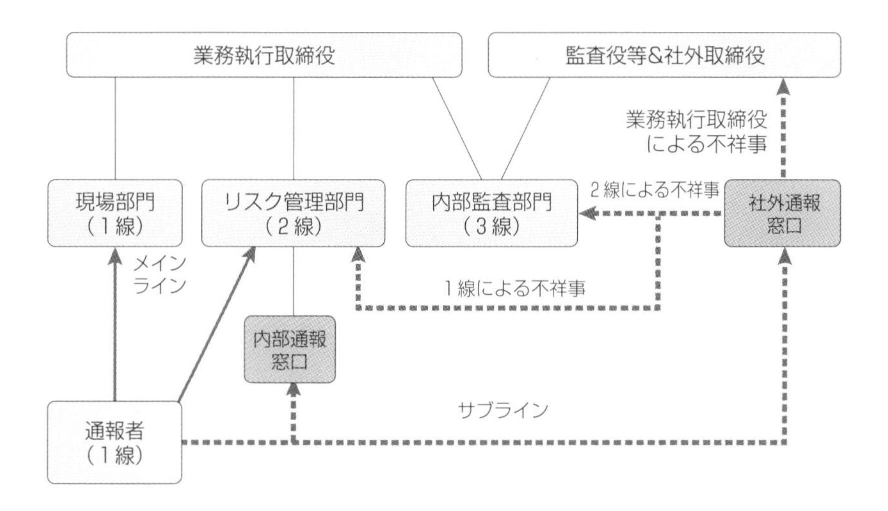

通報を受けた不祥事を最もよく是正できる機関に伝達するという判断能力が，社外通報窓口に備わっていれば，社内通報窓口を必要以上に増やさなくても済む

 内部通報認証制度と法改正の動向

■内部通報認証制度の導入

2019年から，優れた内部通報制度を整備・運用する企業を認証機関が評価する内部通報の認証制度が始まりました。事業者が自らの内部通報制度を評価し，内部通報ガイドラインに基づく内部通報制度認証基準に適合している場合，当該事業者からの申請に基づき，指定登録機関（公益社団法人商事法務研究会）がその内容を確認した結果を登録し，所定のWCMS（＝Whistleblowing Compliance Management System）マークの使用を許諾するという制度です。

右図のとおり，本制度を通じて，消費者等のステークホルダーが認証取得企業を高く評価することで，各企業における一層充実した取組みが促進され，ひいては企業価値の向上，消費者等の安全・安心の向上につながることが期待されています。

内部通報制度の高度化を図るため，認証の申請も検討に値します。現在の登録事業者数は22社です（2019年８月30日時点）。

■公益通報者保護法の改正

内部通報制度に関わる法律として，公益通報者保護法がありますが，同法の改正に向けた動きについても注目が必要です。公益通報者保護専門調査会が2018年12月に報告書を公表し，パブリックコメントの募集が行われました。

同報告書における主な提言は，退職者や役員等を不利益取扱いから保護する通報者の範囲に含めるべき，民間事業者に内部通報体制の整備を義務づけるべき（常時雇用する労働者の数が300人以下の民間事業者については努力義務），通報者が，不利益取扱いから保護される要件を満たしている場合，通報したことを理由として損害賠償責任を負わないとする規定を設けるべき，不利益取扱いについて，重大かつ悪質な事案を対象に勧告を行い，勧告に従わない場合には公表を行うことができることとすべき等です。

内部通報制度の認証制度

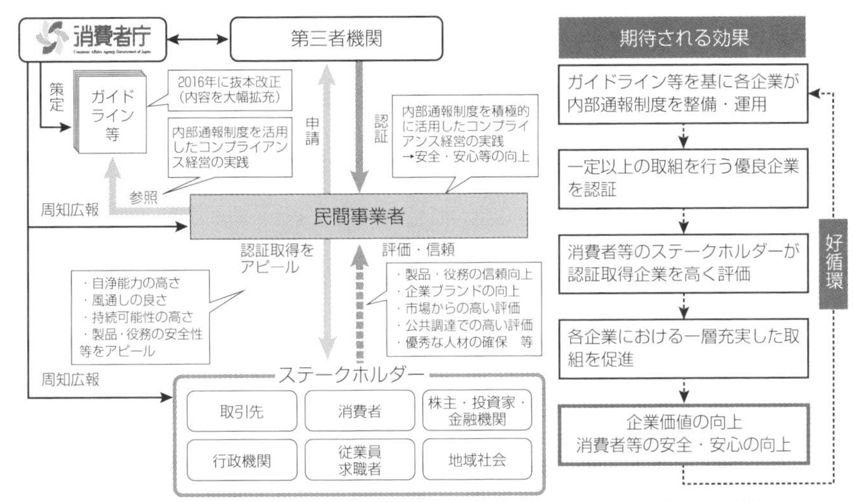

（出所）　消費者庁　内部通報制度に関する認証制度検討会「内部通報制度に関する認証制度の導入について（報告書）」平成30年4月

登録までの主な流れ

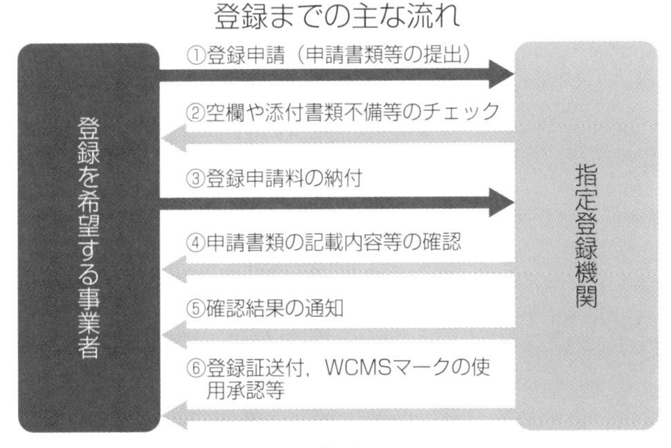

（出所）　公益社団法人商事法務研究会　内部通報制度認証HP
（https://wcmsmark.secure.force.com/WCMS_application_method?common.udd.actions.ActionsUtilORIG_URI=%2Fapex%2FWCMS_application_method）

 発見型コンプライアンス・アンケートの活用

■発見型コンプライアンス・アンケート

発見型コンプライアンス・アンケートは，「あなたは内部通報制度を利用しようと思いますか」といった質問をする，“コンプライアンス意識調査”とは異なり，アンケートにより現場のリスク情報を直接取得しようとするものです。

■率直な回答を可能にするための工夫

コンプライアンス・アンケートによって不祥事を発見するためには，役職員が会社から不利益を被ることを恐れず，安心して回答できることが重要です。

そのための工夫として，会社から独立した外部の法律事務所を調査の主体とする，外部の法律事務所に対しては実名で回答してもらうものの，法律事務所から会社へ結果を伝える際には，誰が何と回答したかについて匿名化を施す，匿名性が担保されることを事前に従業員に十分に周知する等があげられます。

■実施の際の注意点

まず，会社と法律事務所の間で十分に意見交換を行い，法律事務所が会社の事業内容，企業風土および過去の不祥事等について十分に理解をした上で，現場のリスク情報を引き出せるような設問を作成します。「あなたの職場で○○を見聞きしたことがありますか」といった形になります。

アンケートの回答のうち，特に自由記載欄への回答は，社員の率直な想いや職場環境を良くしたいとの想いが表れたものであるため，会社の不祥事の発見やコンプライアンス環境の改善にとって有益です。

アンケートの結果，追加調査が必要となった場合には，内部通報を端緒とする調査を行う場合と同様，回答者の意思の尊重，匿名性を担保することと，会社と情報を共有しつつ効果的な調査を行うこととのバランスを慎重にとりながら実施することが重要です。

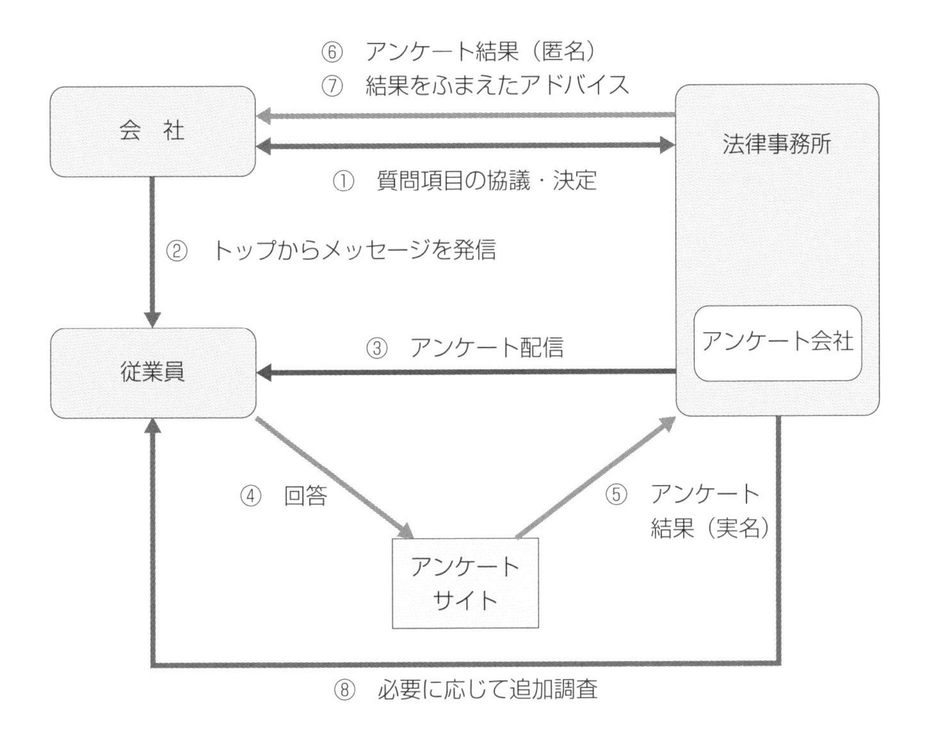
⑥　アンケート結果（匿名）
⑦　結果をふまえたアドバイス
会　社
法律事務所
①　質問項目の協議・決定
②　トップからメッセージを発信
アンケート会社
③　アンケート配信
従業員
④　回答
⑤　アンケート
結果（実名）
アンケート
サイト
⑧　必要に応じて追加調査

 IT活用による発見統制の進展

■レグテックの導入

IT技術によって，各種の規制やコンプライアンス等への対応を効率化・高度化する取組みはREG-TECH（Regulation（規制）とTechnology（技術）を合わせた造語）と呼ばれ，導入企業が増えています。

金融機関と金融規制当局に見られるFIN-TECHとREG-TECHの進展については，右図のとおり整理されます。

■４つの概念の整理

2019年７月８日付日本経済新聞朝刊「規制対応，ITで効率化　個人情報保護や広告審査　定型業務は任せ，高度業務に集中」という記事では，以下の４つの概念について右図のように整理しています。

・フィンテック：Finance-Technology
・リーガルテック：Legal-Technology
・レグテック：Regulation-Technology
・サプテック：Supervisory-Technology

■AI監査

2019年６月26日付日本経済新聞朝刊「会計の未来　AIが変える監査（上）不正リスク発見瞬時に　人手不足解消にも一役」という記事では，監査法人がAI監査を導入することで，次のように変わっていくとしています。

・財務データの入力を24時間監視
・数百万～数億件の財務・非財務データをすべて分析
・海外子会社の会計不正に目が届きやすく
・売上高や利益の予測，減損テストの精度が向上
・AI搭載のドローンで在庫状況を把握
・監査報酬の算定基準が「監査時間」から「監査の質」に

監査法人による会計監査のこのような変化を受けて，上場会社自身の財務報告に係る内部統制，とりわけ発見統制も，大きく進展していく可能性があります。

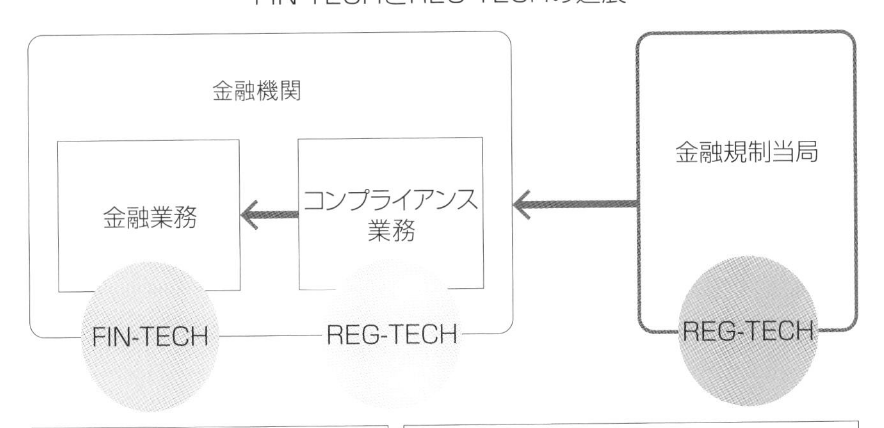

金融業務のテクノロジー化（FIN-TECH）が進めば，金融業務に対する規制もテクノロジー化（REG-TECH）しなければ，規制の実効性を維持できない	規制する当局と規制される金融機関の双方がテクノロジー化（REG-TECH）を進めれば，規制する／されるコストを大きく削減できる

2019年７月８日付日本経済新聞朝刊「規制対応，ITで効率化　個人情報保護や広告審査　定型業務は任せ，高度業務に集中」における概念整理

フィンテック	金融関連の取引を変革する
リーガルテック	契約や訴訟対応などの法務業務を効率化する
レグテック	企業が国内外のさまざまな規制に対応するために使う
サプテック	規制当局が，規制業務の効率化などのために使う

第 4 章

不祥事対応としての危機管理

 信頼のV字回復に向けた行動原理

■BCP（事業継続計画）との比較

大規模な不祥事に直面した企業は，事業継続の危機に瀕しているともいえます。この時に企業が置かれた状況は，内閣府防災担当が発表している「事業継続ガイドライン」に掲載されているBCP（事業継続計画）の概念図と比較すると理解しやすいでしょう。

■タテ軸は信頼度，ヨコ軸は時間軸

BCP概念図のタテ軸は，企業に対する社会からの「信頼度」と置き換えます。不祥事によって信頼度が低下すれば，取引先からの発注停止，営業活動の自粛，資金調達の不全などあらゆる事業活動への支障が生じ，操業度も落ち込みます。これが許容限度を超えて落ち込めば，一気に事業継続の危機に直面します。

一方，ヨコ軸は，信頼回復までに要する「時間軸」です。時間軸が許容限度を超えた場合には，企業は資金繰りに行き詰まり，事業継続が困難になります。

企業は，信頼度の低下を許容限度内に食い止め，信頼回復までの時間を短縮して社会的信頼の「V字回復」を目指さなければなりません。BCP概念図にいうタテ軸×ヨコ軸の面積は，企業が被る損害規模と見ることができます。企業には，損害を少しでも小さくするためのダメージコントロールが必要になります。

■不祥事対応の行動原理

信頼度の低下（タテ軸）を許容限度内に抑えるために重要な行動原理は「被害の早期発見」と「二次被害の防止」です。仮に，不祥事の兆候を見逃して二次被害の発生を許すことになれば，信頼度は加速度的に低下し，計り知れないダメージを受けることになりますので，これを防がなければなりません。

そして，信頼回復までの時間を短縮するために重要な行動原理は「自浄作用の発揮」と「ステークホルダーへの説明」です。自浄作用を発揮するためには，徹底的な事実調査に基づく原因究明，これに基づいた再発防止策を実施し，さらに，透明性を確保した丁寧な説明により各種ステークホルダーの理解を得ることが必要です。

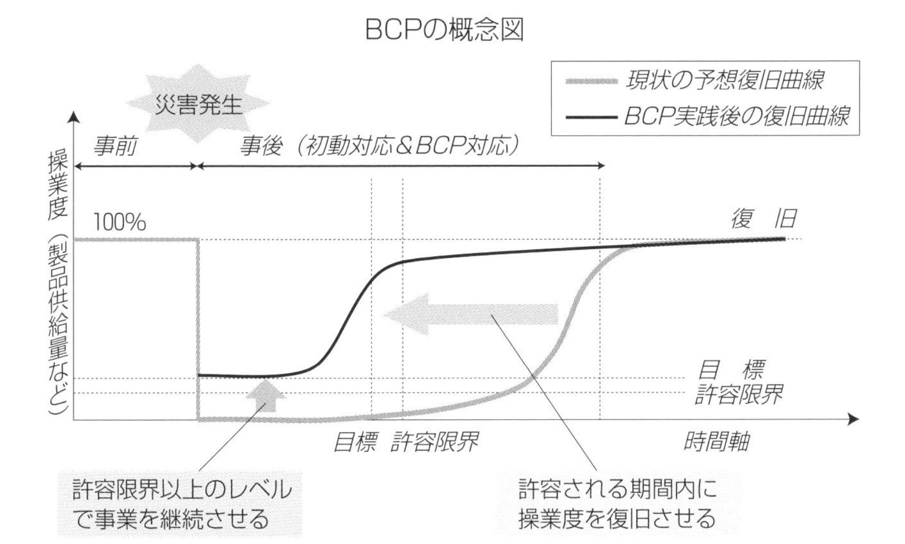

（出所）　内閣府防災担当「事業継続ガイドライン」

不祥事で失墜した社会的な「信頼のＶ字回復」をゴールに据える

不祥事対応の行動原理

被害の最小化〈タテ軸〉	被害の早期発見		早期対処で被害拡大を食い止める
	二次被害の防止		欠陥製品による事故や健康被害など，被害の拡大を防ぐ
信頼回復の最速化〈ヨコ軸〉	自浄作用の発揮	事実調査	事実関係を正確に把握
		原因究明	組織的要因・真因を特定
		再発防止	実効的な再発防止策を実装
	ステークホルダーへの説明		自浄作用を発揮したことを説明 ステークホルダーの信頼をＶ字回復

 事実調査の必要性

■徹底的な事実調査が出発点

たとえば，医師が患者に的確な処方箋を与えるためには，正確な診断と病巣の特定が必要です。そのためには，鮮明なレントゲン写真やMRI画像により現在の患者の状態を正確に知る必要があります。

不祥事に直面した企業も同じです。実効的な再発防止策（＝処方箋）の策定には，問題事象を招いた真の原因（真因：root cause）の特定が必要です。そのためには，まずは企業の過去から現在の状況を克明に描写する，つまり，徹底した事実調査をすることが出発点になります。

■客観性と専門性を備えた調査体制

徹底的な事実調査の出発点は，十分な調査体制の構築です。

具体的な事情に一番詳しいのは現場の担当者ですから，初期対応に必要な「状況確認」には現場担当者の力が不可欠です。しかし，不祥事の真因を明らかにしていく「事実調査」の段階では，調査の客観性を確保する必要があるため，当事者である現場担当者は調査チームから外し，現場から独立した管理部門（２線）を主査とすべきです。その際に必要な専門的知識は，他部門や外部の専門家の協力で補うべきです。さらに，高度な調査能力・分析能力を確保するため，弁護士・会計士やデジタルフォレンジック業者を調査チームに加えることも有効です。

■調査チームには十分な権限が必要

真因解明のため，調査チームには，①社内のすべての情報にアクセスする権限が与えられること，②社内関係者からの十分な調査協力が得られること，の２点が保証されなければなりません。これらの保証を得るため，調査開始時には経営トップから宣言を発してもらい，「調査チームの活動が社内の最優先事項であり，すべての従業員は事実や資料を隠すことなく提供しなければならない」ことを周知徹底しておくことが有効になります。

START
徹底的な事実調査が
すべての始まりである
鮮明な
レントゲン・CT・MRI
克明な事実調査
詳細な診断
病巣の特定
真の原因究明
的確な処方箋
効果的な再発防止策
GOAL

事実調査の手法

■客観的資料・証拠の保全／収集

資料は時間とともに散逸したり，破棄・隠滅される危険性があります。そこで，事実調査開始と同時に，不正が疑われる人物は自宅待機を命じるなどして資料・証拠から隔離するほか，関係部署に資料やデータの破棄・移動を禁止し，資料提出を命じることになります。特に，電子データは容易に消去・移転（隠匿）・改変し得るため，早期の保全が重要です。場合によっては，調査開始に先立って専門業者を起用し，デジタルデータの保全を先行させる場合もあります。

■客観的資料・証拠の分析

収集された資料を精査して分析して，事案の概要や前提となる事実関係，動かしがたい証拠を探します。客観的資料の分析から得られた事実とそこから導かれる仮説が，その後のヒアリングや事実認定のベースになります。

■ヒアリング

ヒアリング前には客観的資料を精査し，十分な準備をしておくことが重要です。ただし，事前に準備しすぎることは良くない側面もあります。ヒアリングとは，通常，聴取者の思ったとおりには進まず，予想外の答えが返ってくる場面が見られます。その際には，フレキシブルな対応で上手に真相を聞き出すことが必要になります。準備しすぎた質問事項があると，知らず知らずのうちにこれに囚われてしまい，真に必要な質問ができなくなる危険があります。

■事実認定

資料の分析，ヒアリングを繰り返した上で事実認定に入ります。その際，客観的資料から導かれた仮説を十分な客観的資料やヒアリング結果に照らして検証するプロセスが有効です。ただし，自分の立てた仮説にこだわりすぎれば，思い込みによる事実誤認を生む危険もあります。複数の仮説のなかから，証拠によって認定できる確実性の高い仮説を選択していく手法が適切でしょう。

客観的資料・証拠の保全／収集

破棄・隠滅の危険のある資料を保全／
不正嫌疑の対象者を隔離

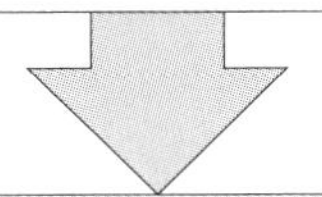

客観的資料・証拠の分析

社内規程類／稟議書／会計書類／会議議事録／報告書／
メール等デジタルフォレンジックを活かした分析

ヒアリングや資料分析の結果を新たな資料収集に活用

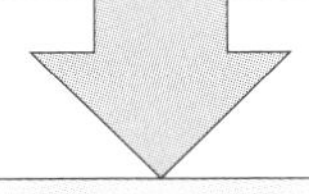

ヒアリング

資料分析により生じた疑問点を確認／
真因の究明

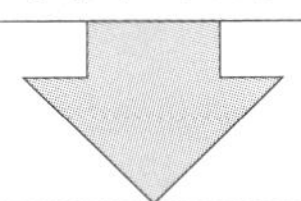

事実認定

仮説検証モデルの利用・疑問点の設定と検証を繰り返す

複数の仮説を立てて，その仮説のなかでどれが立証可能かを検討
無理がある仮説は潔く捨てる

 デジタルフォレンジックの活用

■デジタルフォレンジックとは

デジタルフォレンジックとは，電子機器等に記録されたデジタル情報を，その証拠価値を失うことなく取り扱うための方法や手続に関する概念をいいます。電子データは改ざんやねつ造を容易に行うことができるため，せっかく取得した電子証拠であっても，事後に，その証拠価値に疑問を呈される危険性があります。そこで，適切な手続に従って取り扱うことにより，その取得手続の正当性やデータの真正を担保し，その証拠価値を保つことが重要になります。

■特別の技術を備えた専門家の関与が不可欠

電子データは，たとえば調査担当者のちょっとしたミスによっても，たちまち記録の同一性が失われる危険性があります。また，膨大なデータのなかからどのようなデータを抽出して可視化するのか，削除されたデータをどのように復元するのか，その過程に誤りが混入しないように，解析の正確性確保と第三者による検証が要求されます。これらの要求を満たすため，デジタルフォレンジックには，特別の知識・技術を備えた専門家の関与が不可欠になります。

■デジタルフォレンジックの手続

デジタルフォレンジックの手続では，まず，PCやサーバのハードディスク内データを，ありのままの状態でコピーします。コピーするデータの選別は行いません。取得したコピーは証拠原本として確保し，さらに，作業用のコピーを作成してデータの検索，抽出，解析を行います。この際に，削除されたデータの復元を試みる場合も多いでしょう。

解析段階では，専用のツールを用いて，メールレビュー，システムファイル解析，タイムライン解析等を実施します。そのうち，主力の情報源はメールレビューであり，時には，決定的な証拠を見つけ出すことができる強力な手段です。膨大なメールのなかから，キーワードや不正関与者のドメインを用いた検索を実行しますが，不正に関して用いられる社内の隠語など，重要なキーワードとなる単語を客観的資料の分析やヒアリングの際に確認しておくことも有用です。

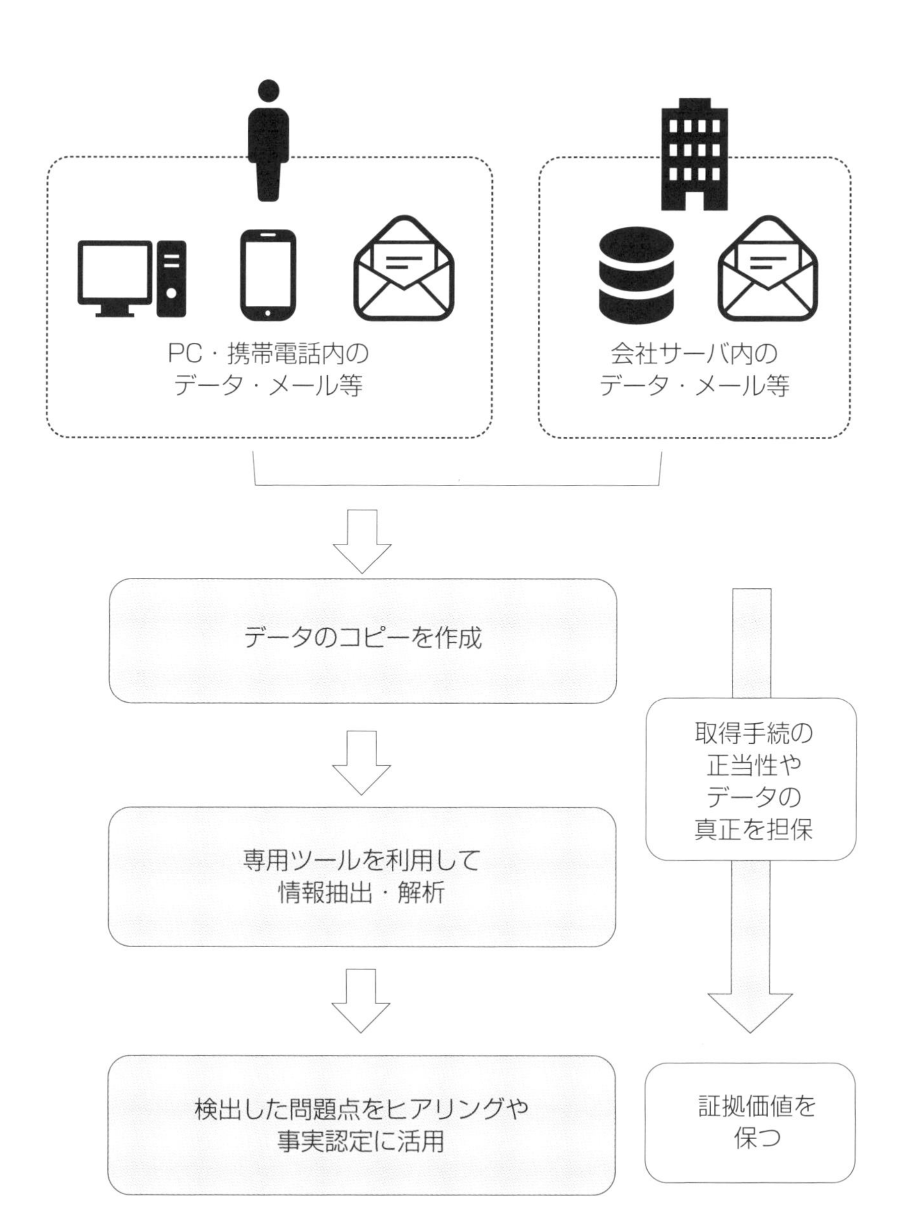
PC・携帯電話内の
データ・メール等
会社サーバ内の
データ・メール等
データのコピーを作成
専用ツールを利用して
情報抽出・解析
検出した問題点をヒアリングや
事実認定に活用
取得手続の
正当性や
データの
真正を担保
証拠価値を
保つ

 件外調査の必要性

■ステークホルダーは疑念を持っている

不祥事により信頼を大きく損ねた企業は，各種ステークホルダーから，「他にも同種事案があるのではないか」「他にも重大な問題を隠しているのではないか」という疑念の目で見られています。このような疑いを残していれば，取引先からは安心して取引を再開することができないといわれるおそれがあります。監査法人から無限定適正意見を出せないといわれるおそれもあります。

■疑念を晴らすには件外調査が必要

上記のような疑念を晴らすため，不祥事を起こした企業は，自ら「他にも同種の不祥事があるかどうか」についての調査（＝件外調査）を実施し，その結果をステークホルダーに開示することが求められます。重大な同種事案を見落としたままでは不祥事の真因を見落としてしまう危険がありますが，上手く同種事案を発見できれば，まとめて是正することができるメリットもあります。

また，仮に同種の不祥事が発見されなかったとしても，それは無駄足ではなく，他にないことが確認されたこと自体が価値のある調査結果となります。

■デューディリジェンス的な網羅的調査が必要

調査は「他に問題点が存在しない」といえるレベルを目指しますが，その難易度は高いといえます。「存在しないこと」を証明するいわゆる悪魔の証明を要求されることになるからです。そこで，企業としては，デューディリジェンス的な網羅的調査を尽くし，「ここまでの範囲，ここまでの深さで，手段を尽くして調査しましたが，これだけしか見つかりませんでした。したがって，この他にはないことが合理的に推認されます」という論旨で，ステークホルダーに対する説明を果たしていくことになります。

ここで重要なのは，①調査の網羅性が確保されていること，②どのような調査を行ったのかプロセスを示すこと，③その結果発見された重大な問題点は余すことなく開示することです。

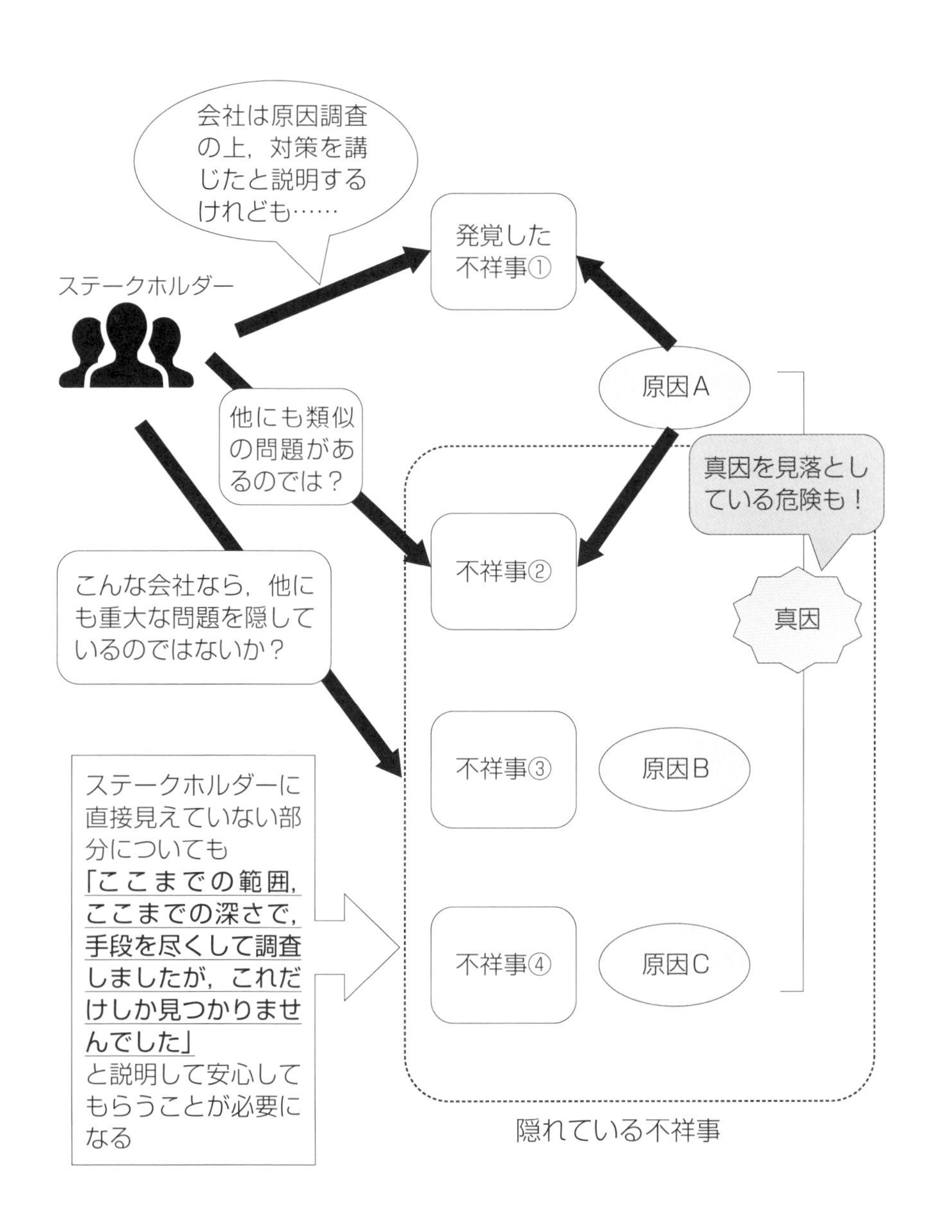
会社は原因調査の上，対策を講じたと説明するけれども……
ステークホルダー
発覚した不祥事①
原因A
他にも類似の問題があるのでは？
真因を見落としている危険も！
不祥事②
真因
こんな会社なら，他にも重大な問題を隠しているのではないか？
不祥事③
原因B
ステークホルダーに直接見えていない部分についても「ここまでの範囲，ここまでの深さで，手段を尽くして調査しましたが，これだけしか見つかりませんでした」と説明して安心してもらうことが必要になる
不祥事④
原因C
隠れている不祥事

 件外調査の手法

■書類等の調査・関係者へのヒアリング

件外調査との関係で実施する書類等の調査，関係者ヒアリングにおいては，たとえば，対象者が他に同種事案を知っているのではないか，関連する情報の断片が書類に記載されていないかなど，職業的懐疑心をもって実施します。

■デジタルフォレンジック

デジタルフォレンジックでは，関係者のPC，携帯端末，電子メール等の電子データを網羅的に保全し，専用のツールを用いる等して解析します。たとえば，過去の電子メールから思いもよらない不正の実態を解明できたり，そこで同種事案について話し合われている形跡が発見されたりするなど，非常に有効な件外調査の手法になるとともに，真因解明への有力な手段にもなります。

■全社従業員対象の発見型アンケート調査

従業員に対して，同種案件がないか，気にかかる不正事案が存在しないかを尋ねるアンケート調査を実施し，不正の申告や，未だ不正には至っていない不正の芽を申告してもらうことを促します。その際，従業員が自らの不正を申告するような場面も考えられますので，アンケートの集計には独立した外部の法律事務所や業者を起用し，匿名性を確保・保証する工夫が必要です。

■リスク要因から探索

本件（不祥事発見の端緒となった事案）の調査が相当程度に進んだ段階では，そこまでの調査結果から，当該不祥事のリスク要因を抽出することができます。そこで，件外調査としては，リスクベース・アプローチで考えることとして，同様のリスク要因が存在する手続や取引（たとえば，担当者が同一である取引とか，同じリスク要因を含む類型の取引）に調査範囲を絞り込んだ上で，当該範囲については網羅的な調査を行う手法が効果的です。

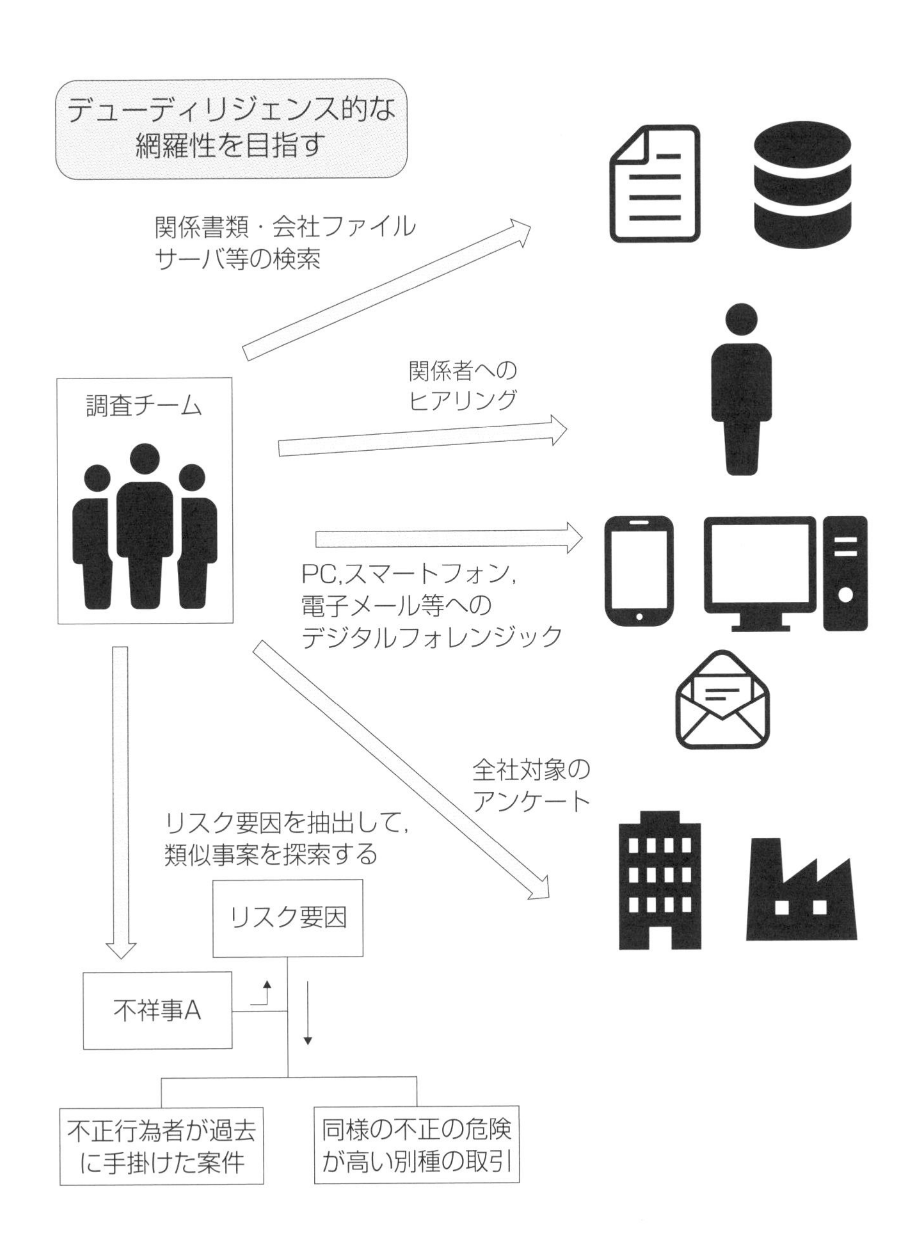
デューディリジェンス的な
網羅性を目指す
関係書類・会社ファイル
サーバ等の検索
関係者への
ヒアリング
調査チーム
PC,スマートフォン,
電子メール等への
デジタルフォレンジック
全社対象の
アンケート
リスク要因を抽出して,
類似事案を探索する
リスク要因
不祥事A
不正行為者が過去
に手掛けた案件
同様の不正の危険
が高い別種の取引

 不祥事の根本的原因の解明（不祥事対応プリンシプル原則①）

■不祥事の根本的な原因の解明

不祥事対応プリンシプルの原則①は，不祥事の「根本的な原因の解明」を求めています。ほとんどの事例において「根本的な原因」（真因）は「組織構造的な要因」に帰着します。

■品質不正の不祥事を例にとると

たとえば，品質不正の不祥事を想定した場合，表面的な理由としては，作業員のモラルが低く面倒な作業を省略していたとか，コンプライアンス意識が浸透していなかったなどの事情が浮かび上がってきます。しかし，不祥事の原因をこのレベルで捉えるのみでは，根本原因は取り除かれず，再度，モラルの低い社員が出現すれば，同じことが繰り返されるでしょう。

しかし，その不祥事の背景には，製造部門の実力を無視した生産計画・コストの設定や，上層部の品質管理への無理解による部門予算の不足などの組織的な事情があることが多く，これらの「組織構造的な要因」を見ることなく，不正を告白した社員への懲戒を行って「シッポ切り」をしたり，社長を引責させてトップを入れ替える「シャッポ切り」をしたりするのみでは，真の解決になりません。

■最適な調査体制の構築

組織構造的な要因に切り込んでいくことは，従前の内部統制の不備や脆弱性を暴き出すことであって，担当役員や社長の内部統制整備義務違反を暴き出すことにもつながりかねません。純然たる社内調査のみではこのような組織的要因に切り込んでいくことが難しく，このため，社内関係者による調査のみでは限界があります。そこで，「独立役員を含め適格な者が率先して自浄作用の発揮に努める」必要があり，社外の専門家に調査を依頼するなど「最適な調査体制を構築する」ことになります。

原則①	不祥事の根本的な原因の解明
不祥事の原因究明に当たっては，必要十分な調査範囲を設定の上，表面的な現象や因果関係の列挙にとどまることなく，その背景等を明らかにしつつ事実認定を確実に行い，根本的な原因を解明するよう努める。 そのために，必要十分な調査が尽くされるよう，最適な調査体制を構築するとともに，社内体制についても適切な調査環境の整備に努める。その際，独立役員を含め適格な者が率先して自浄作用の発揮に努める。	

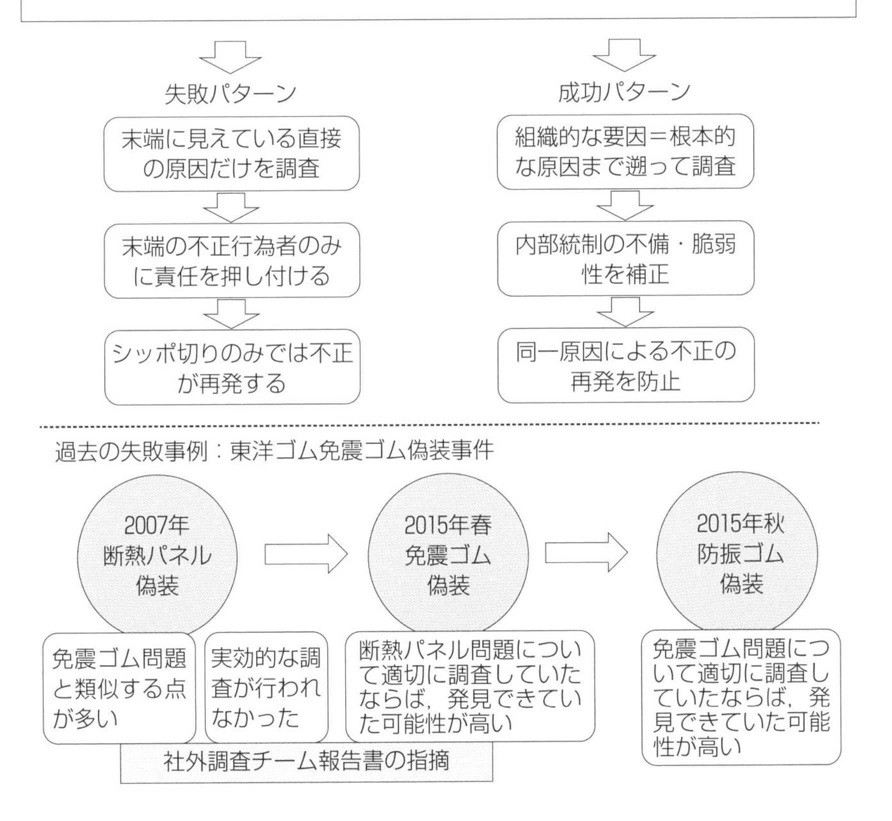

 真因究明の必要性

■モグラ叩きで終わらせない

多くの場合，事実調査の開始時点で見えている問題点は，問題事象のほんの一部です。

頭を出してきている問題点を見つけて，これを叩いて解決したとしても，その問題を招いている真の原因（真因）に到達していない限りは，また後日，同じように顔を出してきた問題点に直面することになります。あっちの問題を叩いて，こっちの問題を叩いてというモグラ叩きに追われる事態になりかねないのです。

同じような不祥事を繰り返すことになれば，企業の信用はより一層の低下を免れません。不祥事を生じさせた真因を探り出し，これとつながっている他の問題点も一網打尽に対処しなければならないのです。

このようなことから，不祥事対応プリンシプルの原則①では，「不祥事の根本的な原因の解明」が必要であるとして，「表面的な現象や因果関係の列挙にとどまることなく，その背景等を明らかにしつつ事実認定を確実に行い，根本的な原因を解明するよう努める」ことが求められているのです。

■真因を探り「根治」を目指す

ほとんどすべての企業不祥事には，それを招いた真因である組織構造的な要因が隠れています。発生した不祥事に対して，対処療法的に問題を解決しても，組織構造的な要因が企業に残存していれば，これは継続的に企業を蝕み続けます。近い将来には，同じ原因に起因した同種の不祥事を発生させることになるでしょう。

自らの病巣を直視することは誰にとっても辛いものです。しかし，病巣を直視して，適切な治療を行い，「根治」させることができれば，企業体質が改善され，10年先，20年先も健康な経営を続けることができます。

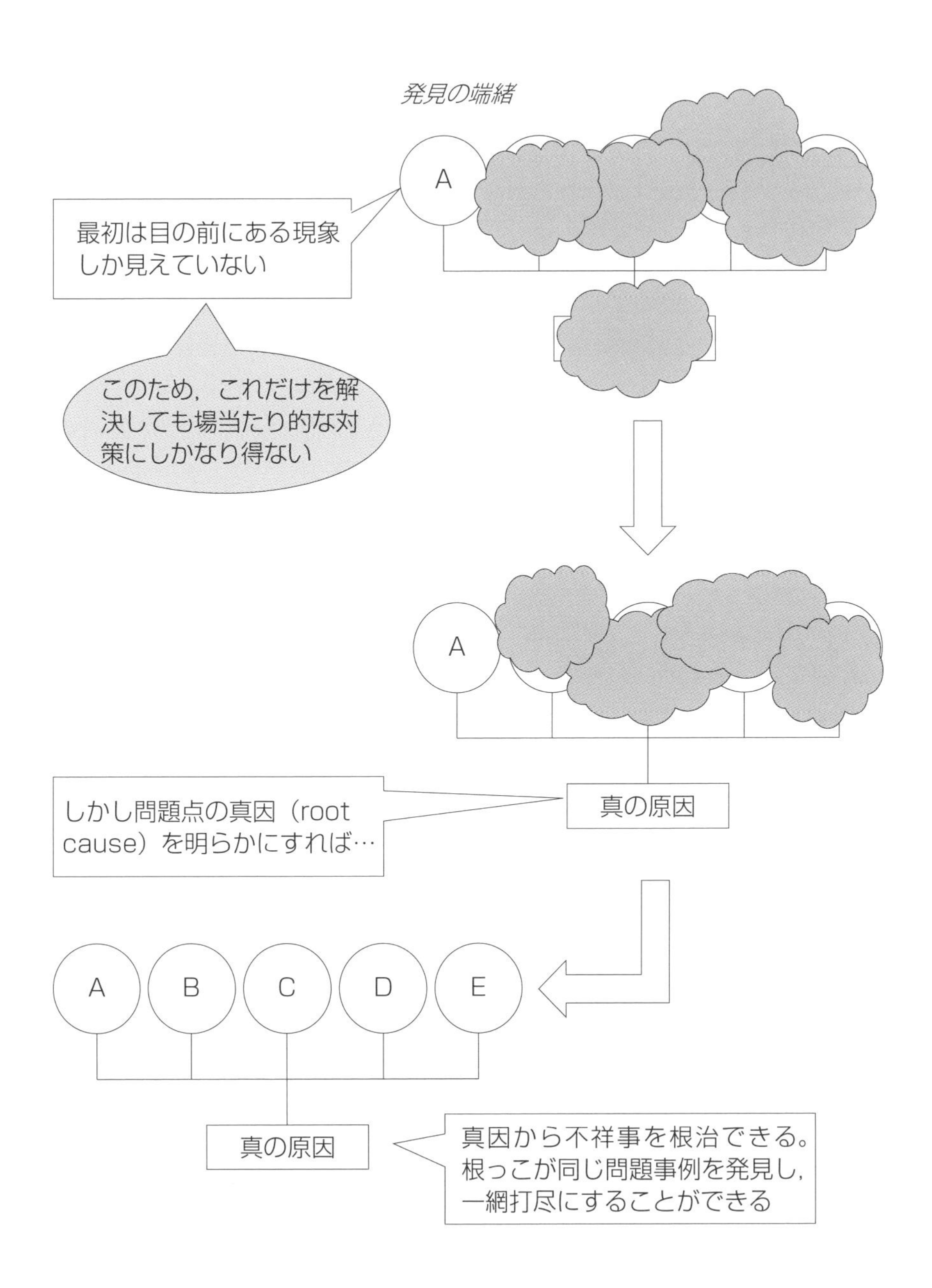
発見の端緒
A
最初は目の前にある現象しか見えていない
このため，これだけを解決しても場当たり的な対策にしかなり得ない
A
真の原因
しかし問題点の真因（root cause）を明らかにすれば…
A
B
C
D
E
真の原因
真因から不祥事を根治できる。根っこが同じ問題事例を発見し，一網打尽にすることができる

 真因究明の手法

■真因究明が企業価値のＶ字回復につながる

不祥事対応プリンシプルの原則①および③によると，不祥事を起こした企業は，「表面的な現象や因果関係の列挙にとどまることなく，その背景等を明らかにしつつ事実認定を確実に行い，根本的な原因を解明するよう努める」べきであり，「根本的な原因に即した実効性の高い」再発防止策を策定し実行・開示しなければなりません。

不祥事の根本的原因（真因）は組織風土等に求められることが多く，再発防止策は組織体制の再編や経営陣の交代等にまで及ぶ可能性があるため，経営陣には，できれば表面的な要因のみの調査にとどめておきたい心理が生じる余地があります。しかし，「進歩とは反省の厳しさに正比例する」という本田宗一郎氏の名言にもあるとおり，真因を究明する厳しさがその後の企業の進歩に正比例し，真因究明が深ければ深いほど，結果的に企業価値のＶ字回復につながることに思いを致さなければなりません。

■なぜか？　を５回繰り返す

不祥事を招いた真因である組織構造的な要因に迫るためには，当該不祥事が発生した直接的な要因を分析して特定し，さらに，その要因を引き起こした論理的関係にある要因を分析して特定するというように，事象に対して「なぜか？」を５回は繰り返し問いかけることにより，事象を掘り下げていくプロセス（なぜなぜ５回）が有用です。ただし，直接的・表面的な要因の分析を繰り返しても真因に達することはできないため注意が必要です。

■真因究明が社会にもたらす価値

企業不祥事における組織構造的要因の追究は，不祥事を起こした企業の信頼のＶ字回復に必要というのみならず，どの企業にも潜在的に存在し得る一定の抽象化された組織構造的な要因を社会に示し，社会全体への注意喚起となる場合があります。このように，不祥事を「社会化」して社会全体のリスク総量を減らす「公共財」とすることも，企業の社会的責任（CSR）の１つといえます。

架空売上の計上の場合

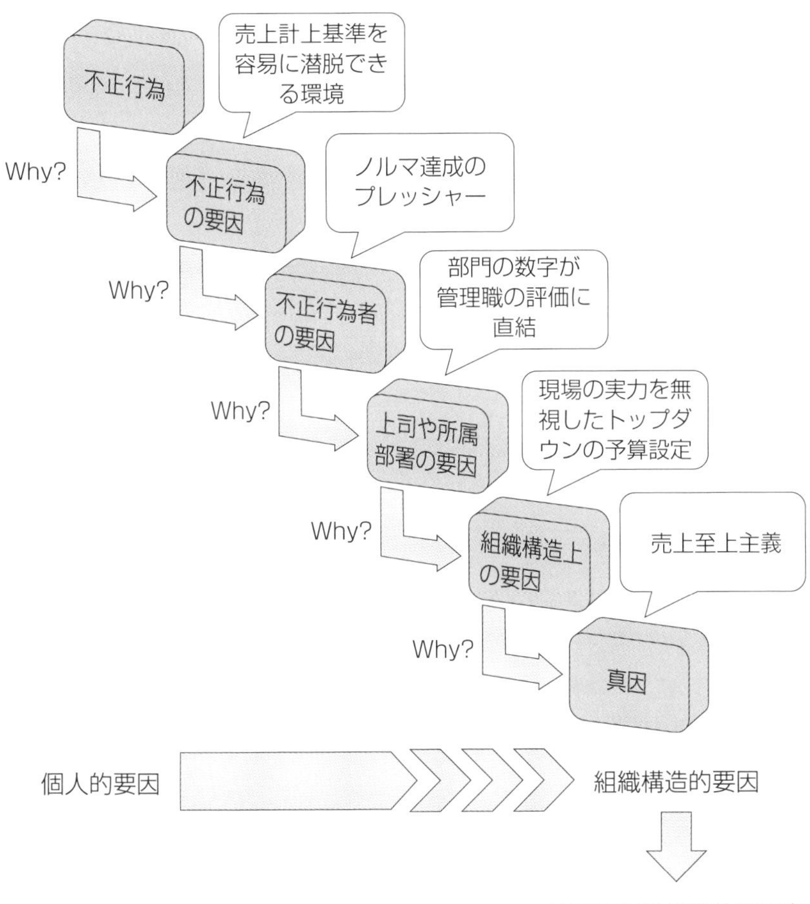

共通の組織構造的要因を
抱える他社への注意喚起

不祥事の「社会化」「公共財化」

 再発防止策の策定と実行（不祥事対応プリンシプル原則③）

■真因に遡った再発防止

不祥事対応プリンシプルの原則③は，究明された真因＝「根本的な原因」に基づいて再発防止策を策定すべきことを規定していますが，不祥事の真因は「組織構造的な要因」に辿り着くことがほとんどですので，再発防止策もまた，組織構造の改善にまで切り込んでいく必要があります。たとえば品質不正への再発防止策であれば，現場に適用される作業マニュアルを改訂したり，作業員への研修を強化するだけでは不十分であり，製品開発に対する品質管理部門の関与を強める開発体制の変更や，品質管理部門の権限強化を図るための組織構造の改革などの施策が必要となります。

そして，これらの施策を決定し，「迅速かつ着実に実行する」には，経営陣における真剣な議論とトップダウンでの実行が不可欠です。

■不祥事の未然防止が完成したわけではない

もっとも，再発防止措置を策定・実行したからといって，直ちに不祥事の未然防止が完成したわけではありません。当該措置が「目的に沿って運用され，定着しているかを十分に検証する」ため，定期的な効果測定が必須です。

また，多種多様な人材を集め，多種多様な商品・サービスを取り扱う企業において，「不祥事を未然に防止できる完璧な体制」を構築することは不可能です。「不祥事は再び起こる」と考えることが適切ですので，これを前提にした体制構築を行うことが重要です。

■継続的なリスク管理と発見統制が重要

完璧な防護策を構築したつもりでも，細かい抜け穴や経年劣化によって生じた綻びは，当然に予測されますので，実装した措置の陳腐化・無効化を防止するメンテナンスが不可欠です。そのため，リスク管理部門は，たゆむことなく，定期的なリスクアセスメントとこれに対するコントロールの点検を行い，制度をアップデートさせることが重要です。

原則③	実効性の高い再発防止策の策定と迅速な実行
再発防止策は，根本的な原因に即した実効性の高い方策とし，迅速かつ着実に実行する。 この際，組織の変更や社内規則の改訂等にとどまらず，再発防止策の本旨が日々の業務運営等に具体的に反映されることが重要であり，その目的に沿って運用され，定着しているかを十分に検証する。	

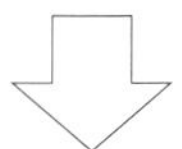

現場に適用される再発防止策	• 作業マニュアルの改訂 • 作業員への研修

真因に遡った組織的な要因に対処する施策	• 製品設計体制の変更と責任者の権限強化 • 品質管理部門への予算配分の見直し

不祥事の未然防止が完成したわけではない
「不祥事は再び起こる」
ことを前提にした体制構築が必要

 再発防止策の実効性を高める

■再発防止策は合理的でなければならない

再発防止策は，不祥事の再発に対して抑止効果がなければ意味がありません。実際に再発防止策を実行するミドル層や現場レベルの従業員がその効果を実感できる必要があります。たとえば，外部業者に委託して一般論に終始するような研修やＥラーニングを実施するだけでは，担当者らが感じる効果に乏しいため，目的に対する合理的な効果は期待できません。

■再発防止策は業務効率にも配慮しなければならない

不祥事の撲滅を目指した理想論に終始して，過度に厳しい規制を実行しようとしても，単に業務効率を下げる結果にしかつながらない可能性があります。また，厳しすぎる規制は，従業員を規制と業務との狭間に追い込むことにつながりかねず，これに対して従業員が策を練ってルールを無効化させようと試みることは，よく見られる現象です。「上に政策あれば，下に対策あり」です。

実際に制度を運用するのは現場の従業員ですから，再発防止策は現場で使いこなせる平易なもの，「ユーザビリティ」（使い勝手）の高いものを心がける必要があり，かつ，業務の効率を過度に阻害するものであってはなりません。

■実効性を保つために訓練が必要

再発防止策を現場に投げつけるだけでは実効性が確保できません。施策を上手に使いこなすためのツールを与え，その使い方の訓練を欠かしてはなりません。「ユーザビリティ」を意識した周知徹底と研修活動が必須です。たとえば，反社会的勢力との取引が行われていた不祥事の再発防止を目指すため，取引の全件チェックと定期的なスクリーニングを実施することを決めた場合，新規データベースや審査のためのシステムを開発して現場にツールを与え，さらに，一定期間後にダミーのデータを流して不適切な取引がストップされるかどうかの訓練を実施するなどすれば，実効性の確保につながるでしょう。

施策を実行する現場が
施策の意味や効果に
疑問を感じる

過度に厳しい規制，
複雑な規制のため
業務効率が著しく落ちる

この施策，
やる意味が
ないよね

こんなの守っていたら
仕事にならない

形式だけ，
やっていることに
しておけばいいか

ルールの抜け道を
探そう
ルールを無効化
させよう

再発防止策は
合理的であるべき

再発防止策は
業務効率性にも配慮すべき

 迅速かつ的確な情報開示（不祥事対応プリンシプル原則④）

不祥事対応プリンシプルの原則④では，不祥事に関する情報開示の時期や範囲，情報開示の方法等について，大きく以下の２つの事項を定めています。

- 把握の段階から再発防止策実施に至るまで，迅速・的確な情報開示を行う
- 丁寧な透明性の高い情報開示を行う

■把握の段階からの情報開示

特に重要なのが，「把握の段階」からの情報開示です。これは，企業価値を変化させる事象を把握したら適時適切に証券市場に開示して株価に織り込ませよ，という適時開示ルールに沿ったものです。また，不祥事情報を知った関係者によるインサイダー取引を防止するためでもあります。

■透明性の確保

情報開示にあたっては，「再発防止策実施の段階に至るまで」「経緯や事案の内容，会社の見解等を丁寧に説明する」という高いレベルでの情報開示により透明性を確保することが求められています。

不十分な情報開示は，適時開示ルールの違反となります。また，ステークホルダーに「この企業は何かを隠している」「責任逃れをしようとしている」との印象を与え，情報開示によって信頼を回復するどころか，逆に印象を悪化させることとなります。

このため，原則④は，迅速かつ的確な情報開示を尽くすことによって透明性の確保に努めることを求めているのです。

原則④	迅速かつ的確な情報開示

不祥事に関する情報開示は，その必要に即し，把握の段階から再発防止策実施の段階に至るまで迅速かつ的確に行う。
この際，経緯や事案の内容，会社の見解等を丁寧に説明するなど，透明性の確保に努める。

会社が不祥事を把握

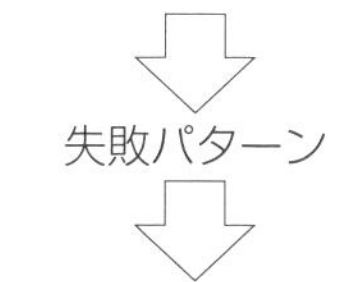

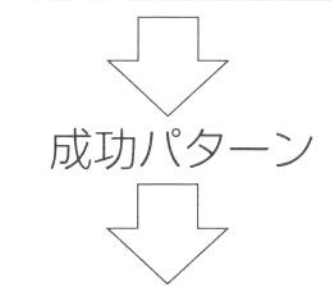

【失敗パターン】

把握の段階で開示せず
or
不十分な情報開示

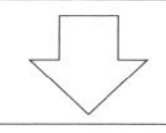

不祥事の報道が先行し隠ぺいを疑われる

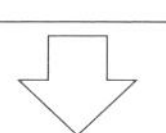

情報開示が不十分だとして批判される

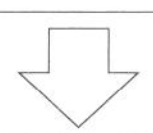

不祥事を知った従業員がインサイダー取引

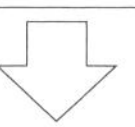

インサイダー取引が摘発され，さらに信頼が低下

【成功パターン】

把握の段階で的確な第一報

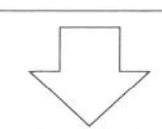

事態や調査の進展に合わせて数回にわたり最新情報を開示

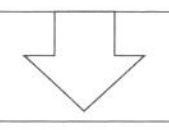

再発防止策実施を完了したことを開示

 不祥事に関する適時開示の遅延が招く法的リスク

上場会社の不祥事について，これが適時開示の対象事実であった場合，上場会社の経営陣としては，当該事実を把握した時から適時開示を実行するまでの間，以下の２つの「法的リスク」に晒されることになります。

■関係者のインサイダー取引を誘発するリスク

１つ目は不祥事が上場会社の重要事実（インサイダー情報）に該当する時に，これを知った関係者が株価下落を見越して当該上場会社の株を売り付けるインサイダー取引を働いて摘発されるという二次不祥事を誘発するリスクです。

近年，東洋ゴム工業の免震ゴム偽装問題（2016年）や，旭化成建材の杭工事のデータ改ざん問題（2017年）で，関係者がインサイダー取引で摘発されており，今後もこうした類型のインサイダー取引が摘発される可能性は高いといえます（詳細は，竹内朗＝松葉優子「上場会社の不祥事とインサイダー取引―有事における適時開示の適切な運用に向けて」旬刊商事法務2165号25頁）。

■適時開示義務違反による損害賠償請求を受けるリスク

２つ目は，上場会社の経営陣が不祥事を把握した後に，当該上場会社の株を取得し，その後に不祥事が公表されて株価が下落したことにより損失を被った株主から，「こんな不祥事があると知らされていれば決してこんな高値で株を買わなかった」として，適時開示義務違反を問われて損害賠償請求を受けるリスクです。

■２つの法的リスクへの対応策

これらの法的リスクへの対応策としては，①情報管理＝インサイダー情報に該当し得る不祥事に関する情報をしっかり管理すること，②売買管理＝インサイダー情報に該当し得る不祥事に関する情報を知った関係者および情報受領者の株取引を管理すること，そして，③適時開示＝インサイダー情報に該当し得る不祥事に関する情報を証券市場に対して隠ぺい（株価を粉飾）することなく，適時適切に開示して株価に織り込ませておくことが必要です。

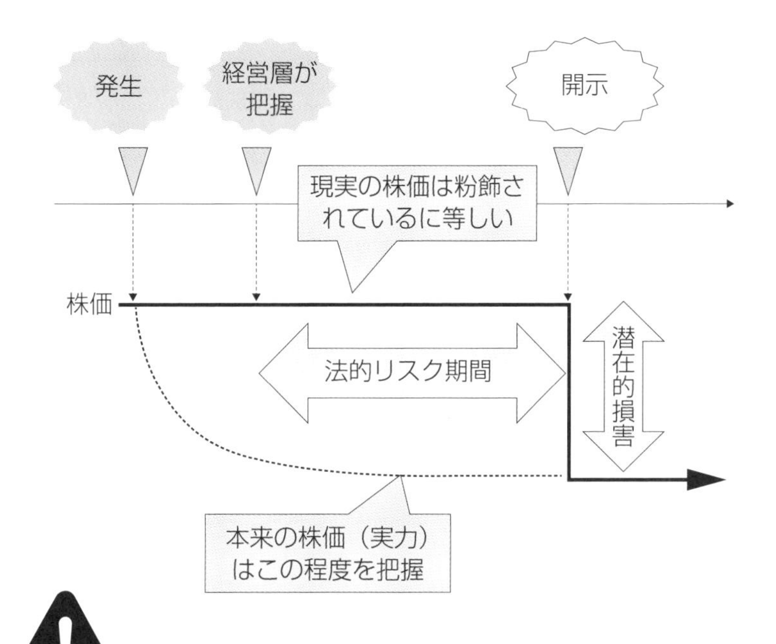

経営陣は不祥事を把握してから開示するまでの間，

① 関係者がインサイダー取引を行うリスク

② 「潜在的損害」に該当する株価下落について株主から損害賠償請求を受けるリスク

を引き受けることになってしまう。

⇩

開示を遅らせるリスクをよく理解し，
迅速な開示を行うべき

 危機管理広報①：レピュテーションを管理する

■信頼回復の最速化のために

信頼回復の最速化は，自浄作用の発揮とステークホルダーへの説明によって実現されます。危機管理広報の成否は，このために極めて重要な意義を持つことになります。

■レピュテーションの好循環を維持する

企業活動によりレピュテーションが高まれば，当該企業は，自社商品・サービスをはじめとした日々の活動に高い信頼と尊敬を集めることが可能になります。レピュテーションの向上により従業員の士気は高まり，有能な人材が集まり，それが，ブランドの向上，業績・財務成績に反映され，企業価値の全体的な増加に結び付き，さらに，再度レピュテーションの向上に還元される好循環を生み出します（正のスパイラル）。そのため，レピュテーションは企業の価値を継続的に向上させていくドライバー（推進役）となり，持続可能な競争優位をもたらします。

ところが，ひとたび，レピュテーションを毀損する重大不祥事が生じ，これに対する対処を誤れば，様相は一変します。

不適切な対応を続けることにより，不祥事に関する情報は，多方向から企業の価値を低下させます。消費者をはじめとしたステークホルダーはすべての企業活動に不信の目を向けるようになり，従業員の士気低下，優秀な人材の流出が生じ，ブランドの毀損，業績・財務成績の低下を招き，それらが再びレピュテーションを低下させるため，企業価値の低下に歯止めがかからなくなる悪循環（負のスパイラル）が生じてしまうのです。

■「築城３年落城１日」

信頼を築くには長い時間がかかりますが，それを破壊するのは一瞬でこと足ります。企業としては，レピュテーション低下のフェーズを一過性のもので食い止め，速やかにあるべき姿への復旧を実現させるため，迅速かつ適切な対応が必要になるのです。

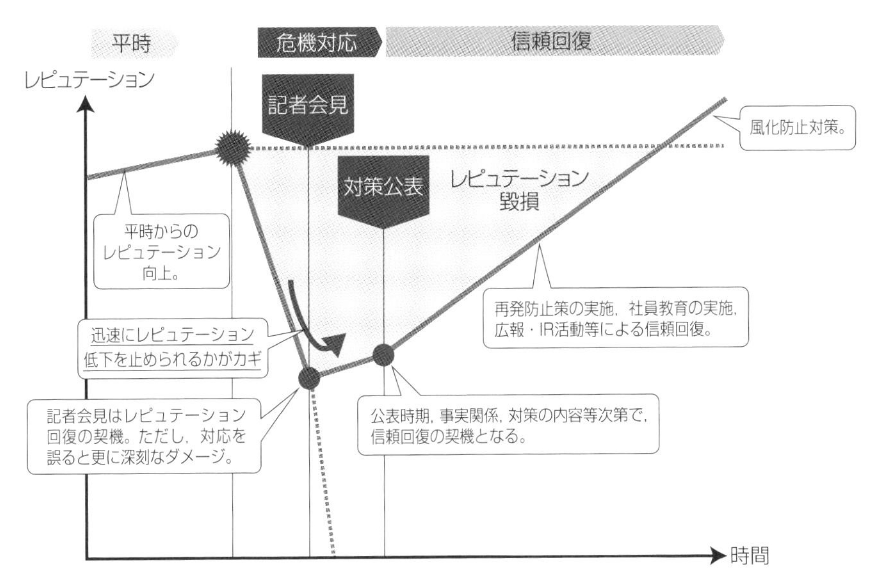

（出所）　経済産業省「グループ・ガバナンス・システムに関する実務指針（グループガイドライン）」2019年６月28日，97頁

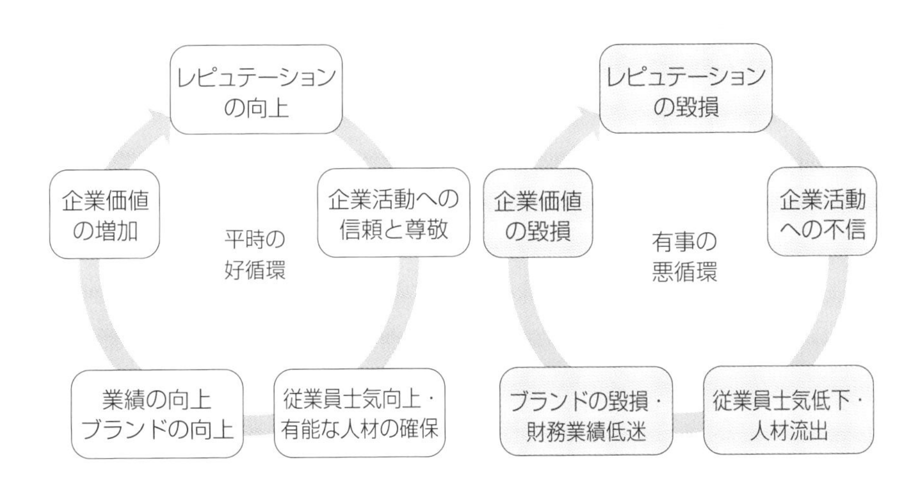

危機管理広報②：基本姿勢

■会社の誠実性

会社への信頼度は，各ステークホルダーを構成する個人によるイメージの蓄積によって形づくられます。個人のイメージに負の影響を与える双璧は「憤り」と「不安」だといわれますが，このようなマイナスのイメージを与えない，誠実な態度がまず求められます。誠実性（Integrity）を担保するためのキーワードは，①迅速性，②共感，③透明性，④一貫性，の４つです。

①　迅速性

情報収集の迅速性，問題発覚から発表までの迅速性が必要です。時機に遅れた広報は，世間の不信・不安を招くことになります。「公表・記者会見までのタイミングが遅い」という非難は，失敗パターンの広報につきものといっても過言ではないでしょう。

②　共感を持てる説明

企業は，共感を持てる情報発信を心がけなければなりません。とかく，大企業や高度な技術を有する企業は，その自負心からか，一般の人にとって難解な説明をしがちです。業界用語や専門用語は避け，誰が聞いても理解できる説明を心がけなければなりません。

③　透明性

情報の隠ぺいは最もしてはいけないことです。ネット，メディアの発達した現代では，隠ぺいされた情報はいずれ必ず公開されることとなり，個人の憤りと反感を招き，企業への信頼度を大きく損なうことになります。

④　一貫性

ブレない態度が重要です。裏を返せば，早期に，適切な対応方針を示さなければならないということで，これを一貫して維持することが必要です。早期に正しい判断を下せる「決定力」が必要です。

企業の誠実性（Integrity）

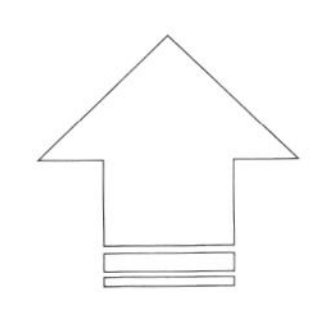

迅速性	• 情報収集の迅速性 • 問題発覚から公表までの迅速性
共感を持てる説明	• 一般の人からの目線に立った説明 • 業界用語・専門用語は避ける
透明性	• 情報を隠さない • 情報を偽らない
一貫性	• 早期に正しい方針決定 • 決定した方針を容易に変更しない

 危機管理広報③：対応のポイント

■法的責任ではなく「社会的責任」

危機管理の段階で問われているのは企業の法的責任ではなく「社会的責任」です。この点をはき違えてはいけません。たとえば,「法的責任が認められないから会社の責任はない」という説明は完全に的外れであり，百害あって一利なしです。また，謝罪をしたら法的責任が認められるとの理解は間違いであって,「誠実な謝罪」をおそれる必要はありません。逆に，必要な謝罪すらできなければ，その態度に集中砲火を浴びせられます。

社会的責任への非難に対して，法的責任を対立軸と考えた行動をすると，社会から「不誠実な行動」であると評価され, 長期にわたり企業のレピュテーションを毀損し続ける危険性があります。企業の誠実性をどのように示すか，適切な経営判断が求められる場面となります。この点に関して，パロマ給湯器事件における同社の対応はリスク管理の失敗例と評価され，これと対比して松下電器石油温風機事件は成功例と評価されています。概要は右図をご参照ください。

■結論だけでなく「プロセス」を示す

社会は，企業がどのような対応をしたかという「プロセス」を注視しています。謝罪をしたか，どのような再発防止策を設けたかという結論は当然に必要ですが，それだけでは信頼の回復に決定的ではありません。自社がどのような「プロセス」で自浄作用を発揮したかについて，丁寧な説明を尽くすことが最も重要です。

■ピンチをチャンスに

危機対応は企業の不名誉かもしれませんが，反面，社会の注目を集める巨大なステージと捉えることもできます。ステージから逃げずに正しく向き合い，誠実性を社会に示すことができれば，早期の信頼回復につながります。

また，危機対応の経験は，社員にまたとない学びの機会を与え，リスク管理のスキルをアップさせます。企業としては，この経験の成果を残し，将来の社員に承継させ，将来の持続的成長へと結びつける発想が求められます。

パロマ給湯器事件		松下電器石油温風機事件
同社製品の，一酸化炭素中毒を防ぐための制御装置が故障した場合の修理方法について，メーカーが推奨しない非正規の修理が修理業者に広まっていたが，かかる修理を施された機器を原因とした死亡事故が昭和60年から平成17年までの間に28件発生していた。本件は平成18年７月に発覚した。	事案の概要	平成17年１月，同社製の石油温風機について，給気用エアホースに入った亀裂が原因と疑われる死亡事故が起こった。その後，同様の事例が生じるに至り，同年11月に経産省からの緊急命令をうけたが，その後，同社が自主改修により部品交換していた製品について，同年12月に死亡事故が生じた。
社長が記者会見を行ったものの，一連の事故は器具の延命などを目的に安全装置を解除した修理業者による不正改造が原因と強調し，製品には問題がないと説明する姿勢が批判を浴びた。	法的責任ではなく社会的責任	事故の原因には設置工事の問題も含めた複合的要因の疑いがあり，原因究明は困難といわれたものの，問題が表面化した後は企業としての社会的責任を全うすることを優先し続けた。
会見後に前言を翻して責任を認めたが，時すでに遅かった。 その後同社は第三者委員会による「事故の再発防止と経営改革に関する提言」を発表したが，現在は非公開となっている。	結論だけでなくプロセスも	社長自らのメッセージによる「スーパー正直」を貫き，事故のすべてについて透明性を高めた広報活動を行った。平成18年に対策の進捗とその後の取組みを公表し，現在も回収活動を継続している。
その後，本件については刑事責任が認められた。 会社には社会からの厳しい批判が集まり，10年以上経った今でもリスク管理の失敗例として取り上げられるなど，未だに負のイメージが残っている。	ピンチをチャンスに	社長自ら「温風機対策を会社の最優先事項とする」と宣言。長期間，大量のテレビCMや新聞広告を続けるなど，石油温風機の発見に尽くした。当初は対応の遅れに批判もあったが，愚直な対応で以前より一層の信頼回復につなげた。

 危機管理広報④：好印象で終える

■「忘却を目指す広報」は正しいか

不祥事発生時の広報対応として「放置する」という態度をとる場合があります。積極的な情報発信は行わず放置して「忘れられるのを待つ」戦略です。特に，未だマスメディア等に取り上げられていない問題については，積極的な発表は行わず静観するという選択肢が魅力的に見えることがあります。

しかし，もし後日これが発覚した場合には，問題を「隠していた」として激しい非難に晒されます。また，問題の大小にかかわらず，放置という対応自体が「炎上」を招く可能性もあり，人々のなかには「隠していた」「何も対処をとらなかった」という悪印象だけが残り続けます。

そして，後日自社に別の問題が発覚した場合，他社で類似の問題が発覚した時などに，何度でもリフレインして，「悪い例」として取り上げられるようになってしまいます。

■「好印象で終える広報」を目指す

一般論として，ステークホルダーは，不祥事がどう始まったかということより，最もインパクトのあった最終シーンについての「最後の印象」を強く心に残すものです。そうであれば，適切な広報活動としては，どうやって問題にけじめをつけたかという「終わり方」が重要となってくると考えるべきです。

たとえば，積極的な情報発表を行えば，一時的には社会からの注目も浴び，批判も生じ得るでしょうが，同時に，「適切に対応した」という評価も受けることができます。そして，この問題が後日取り上げられる時には，「良い例」として評価されるはずです。

不祥事による影響の大小にかかわらず，一時的に注目度や批判度が上昇することを気にして適切な対応を怠ることは避けなければなりません。企業としては，短期的な批判を怖がるのではなく，中長期的な視点に立った上で，「不祥事への誠実な対応を果たした」という好印象を残して対応を終えることが重要です。

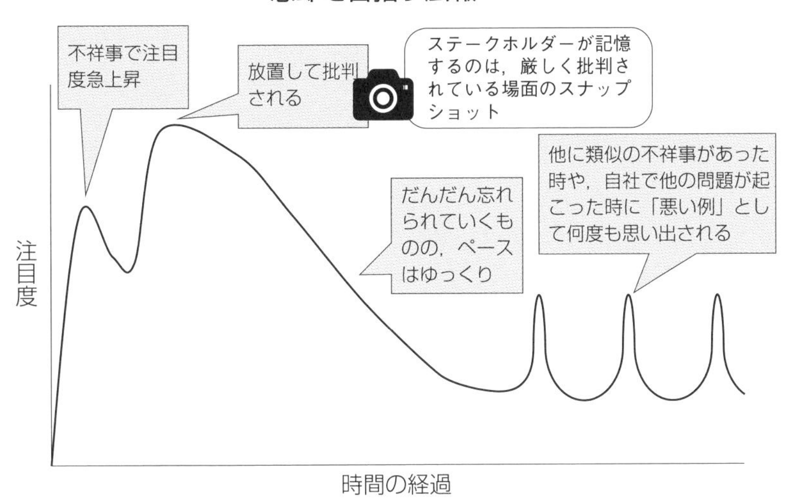
忘却を目指す広報
不祥事で注目度急上昇
放置して批判される
ステークホルダーが記憶するのは，厳しく批判されている場面のスナップショット
他に類似の不祥事があった時や，自社で他の問題が起こった時に「悪い例」として何度も思い出される
だんだん忘れられていくものの，ペースはゆっくり
注目度
時間の経過

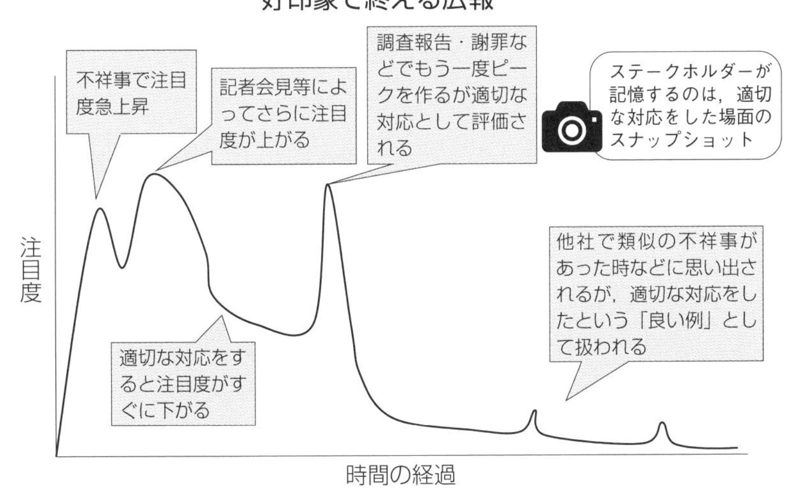
好印象で終える広報
不祥事で注目度急上昇
記者会見等によってさらに注目度が上がる
調査報告・謝罪などでもう一度ピークを作るが適切な対応として評価される
ステークホルダーが記憶するのは，適切な対応をした場面のスナップショット
他社で類似の不祥事があった時などに思い出されるが，適切な対応をしたという「良い例」として扱われる
適切な対応をすると注目度がすぐに下がる
注目度
時間の経過

 第三者委員会①：設置の要否（不祥事対応プリンシプル原則②）

不祥事対応プリンシプルの原則②では，第三者委員会設置の要否の判断基準と，委員選任にあたって配慮すべき事項が定められています。

■どのような場合に第三者委員会の設置が必要となるか

原則②は，以下の５つの場面において，「調査の客観性・中立性・専門性」を確保するため，第三者委員会の設置が「有力な選択肢となる」としています。

- 内部統制の有効性に相当の疑義が生じている場合
- 経営陣の信頼性に相当の疑義が生じている場合
- 当該企業の企業価値の毀損度合いが大きい場合
- 複雑な事案である場合
- 社会的影響が重大な事案である場合

ここで「第三者委員会の設置が有力な選択肢となる」ということの実務上の意味は，上記の例示に該当する場合には，取締役会で第三者委員会設置の要否を正面から審議し，その議論の過程をしっかり記録に残すべきということです。そして，もし第三者委員会を設置しない選択肢を採用する場合には，相応の合理的根拠を示すことが必要と考えられます。

■委員の選任プロセス

また，原則②は，「委員の選定プロセス」についても「十分な配慮」が求められるとしています。取締役会は，委員の選任にあたって，選定のプロセス（特に，誰の知り合いや伝手（つて）か）についての情報を付議資料に盛り込み，これに基づく十分な審議を行うことが必要です。

また，原則②が「第三者委員会という形式をもって，安易で不十分な調査に，客観性・中立性の装いを持たせるような事態を招かないよう留意する。」と述べ，いわゆる「名ばかり第三者委員会」を排除すべきと述べている点にも注目が必要です。

原則②	第三者委員会を設置する場合における独立性・中立性・専門性の確保
内部統制の有効性や経営陣の信頼性に相当の疑義が生じている場合，当該企業の企業価値の毀損度合いが大きい場合，複雑な事案あるいは社会的影響が重大な事案である場合などには，調査の客観性・中立性・専門性を確保するため，第三者委員会の設置が有力な選択肢となる。そのような趣旨から，第三者委員会を設置する際には，委員の選定プロセスを含め，その独立性・中立性・専門性を確保するために，十分な配慮を行う。 また，第三者委員会という形式をもって，安易で不十分な調査に，客観性・中立性の装いを持たせるような事態を招かないよう留意する。	

	具体例
内部統制の有効性に相当の疑義が生じている場合	•不祥事が長年にわたって続いている場合 •関与者が多数である場合 •幹部が関与している場合
経営陣の信頼性に相当の疑義が生じている場合	•経営陣自らが不正に関与した疑いがある場合 •経営陣が不正を隠ぺいした場合
当該企業の企業価値の毀損度合いが大きい場合	•大規模な会計不正など，財務インパクトが大きい場合 •取引先・消費者の信頼を大きく損ねるような，レピュテーションの毀損度が大きい場合
複雑な事案である場合	•専門的知識が必要であり事実確認が難しい場合 •複雑な取引スキームが用いられている場合（海外への飛ばし，循環取引等）
社会的影響が重大な事案である場合	•死亡事故など被害の程度が深刻である場合 •大規模な消費者被害に発展している場合 •その後の法制度にも影響を与え得る場合

第三者委員会設置の要否と委員の選定について，取締役会で十分な審議が必要

 第三者委員会②：目的と機能

■第三者委員会にどのような機能を求めるか

実際に会社が第三者委員会の設置を決定する場合，その目的と第三者委員会に期待すべき機能は，不祥事対応へのあるべき行動原理から逆算して考えることができます。

不祥事対応のあるべき行動原理としては，まずは被害の最小化のための被害の早期発見と二次被害の防止，そして，信頼回復の最速化のために自浄作用の発揮とステークホルダーへの説明に努めることとなりますが，第三者委員会は，このうち，後者の「信頼回復の最速化」のためにその機能を発揮することになります。

■会社の自浄作用を補完してもらう

そもそも，会社が自浄作用を発揮するためには，事実関係の調査，原因の究明，再発防止の策定についても，会社（経営陣）の自助により行われるべきことが原則です。ステークホルダーへの説明についても同様です。

しかし，第三者委員会を設置すべき不祥事の事例は，会社（経営陣）自らが調査や説明を行っても，その過程と結果に対する社会からの疑念を払拭できない場面であるため，その調査結果に対する信頼を得ることも極めて難しくなっています。

これではステークホルダーからの信頼回復を効果的に図ることができませんので，そのような場合には，「客観性」「中立性」「専門性」のある第三者委員会に事実調査・原因分析・再発防止策の提言を依頼して信用補完してもらい，第三者委員会の調査結果を利用してステークホルダーへの説明を行うことにより信頼回復へとつなげていくことが有力な選択肢となるのです。

このように，会社は，不祥事の調査結果に対する社会からの信頼を補強し，自らの説明に説得力を持たせる機能を第三者委員会に期待するものであり，そうであるからこそ，委員選任にあたっては，かかる目的を十分に達し得る資質を有する適任者を適切なプロセスで選任する必要があるのです。

不祥事対応の行動原理

<table>
<tr><td rowspan="2">被害の最小化
〈タテ軸〉</td><td colspan="2">被害の早期発見</td><td>早期対処で被害拡大を食い止める</td></tr>
<tr><td colspan="2">二次被害の防止</td><td>欠陥製品による事故や健康被害など，被害の拡大を防ぐ</td></tr>
<tr><td rowspan="4">信頼回復の
最速化
〈ヨコ軸〉</td><td rowspan="3">自浄作用の
発揮</td><td>事実調査</td><td>事実関係を正確に把握</td></tr>
<tr><td>原因究明</td><td>組織的要因・真因を特定</td></tr>
<tr><td>再発防止</td><td>実効的な再発防止策を実装</td></tr>
<tr><td colspan="2">ステークホルダーへの
説明</td><td>自浄作用を発揮したことを説明
ステークホルダーの信頼をV字回復</td></tr>
</table>

この部分に関する対応を第三者委員会に依頼し，その客観性，中立性，専門性により信用補完してもらう

その調査に対して客観性・中立性・専門性が認められる委員を適切なプロセスで選任しなければならない

第三者委員会③：社外役員の積極的関与

■執行サイドには矮小化バイアスが働く

不祥事対応の場面において，企業は，事実調査→原因究明→再発防止という危機管理のプロセスを履践して信頼のＶ字回復を目指すことになります。しかし，原因究明において組織構造的な真因に切り込んでいくことは，従前の内部統制の不備や脆弱性を暴き出すことであり，つまり，従来の執行サイドの内部統制整備義務違反を暴き出すことにつながるため，執行サイドには，問題を矮小化して早期に幕引きを図りたいというバイアスが働きやすくなります。

■「名ばかり第三者委員会」ではダメ

そのため，執行サイドには，利害関係のない第三者による徹底的な事実調査と原因究明自体を嫌って第三者委員会の設置を回避したり，自分たちの意向を汲んで「忖度」してくれる委員を選任しようとする傾向があり，その結果，実態を伴わない「名ばかり第三者委員会」が設置される場面も見受けられます。しかし，「名ばかり第三者委員会」では第三者委員会に期待される機能が果たされることはなく，その活動が企業価値の再生を阻む事態を招きかねません。

不祥事対応プリンシプルの原則②が，「第三者委員会という形式をもって，安易で不十分な調査に，客観性・中立性の装いを持たせるような事態を招かないよう」とするのは，「名ばかり第三者委員会」に対する警鐘なのです。

■だから社外役員の積極的関与が求められる

このため，執行サイドが第三者委員会設置の判断や委員の選任プロセスに主体的に関与することは避けるべきであり，社外役員（社外取締役，社外監査役）や監査役等が積極的に関与すべきです。不祥事対応プリンシプルの原則②は「委員の選定プロセス」への十分な配慮を求めていますが，社外役員には，委員候補者が独立性・中立性・専門性を十分に備えているかを厳しくモニタリングすることが期待されます。経営陣は，ステークホルダーが，第三者委員会の調査結果のみならず委員選定プロセスにも注目していることを理解すべきです。

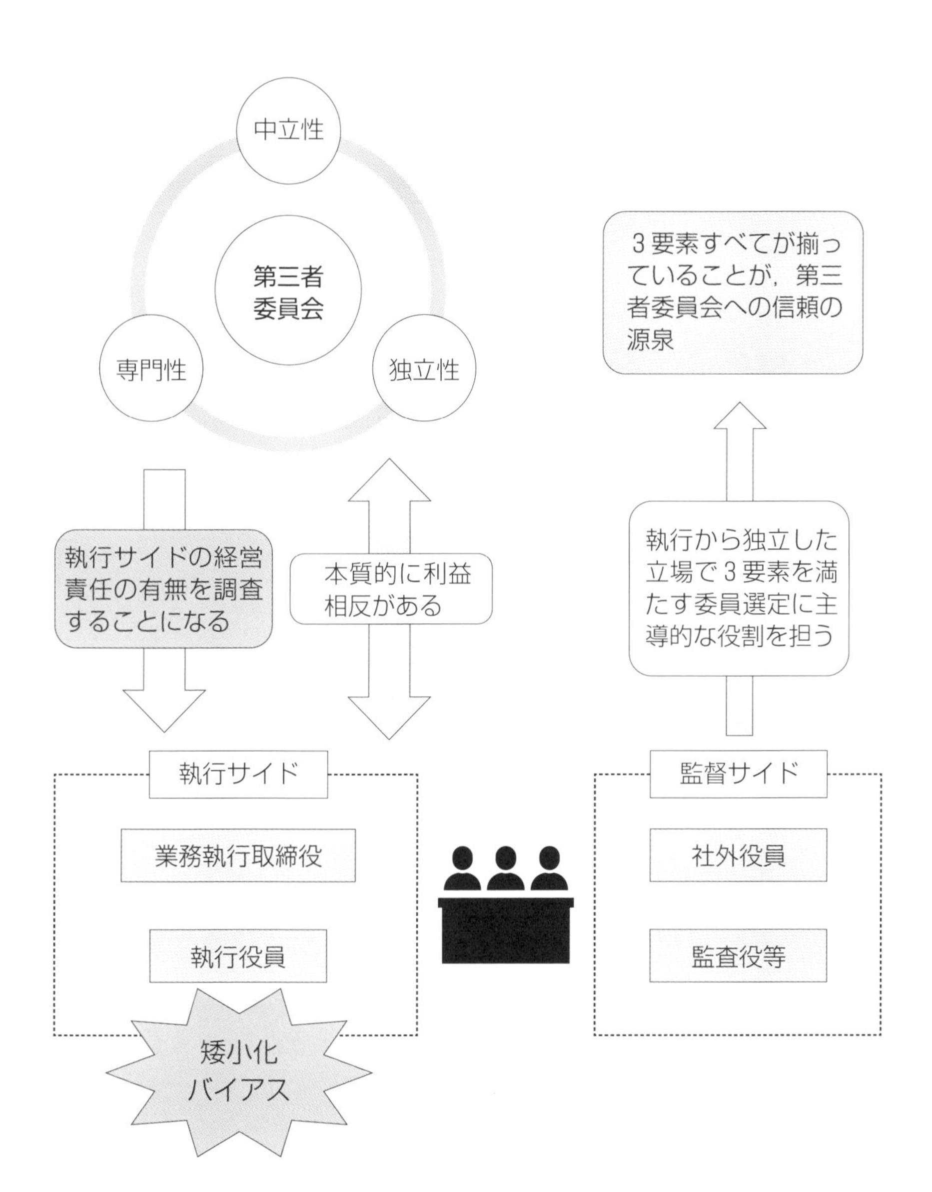
中立性
第三者
委員会
専門性
独立性
３要素すべてが揃っていることが，第三者委員会への信頼の源泉
執行サイドの経営責任の有無を調査することになる
本質的に利益相反がある
執行から独立した立場で３要素を満たす委員選定に主導的な役割を担う
執行サイド
業務執行取締役
執行役員
矮小化
バイアス
監督サイド
社外役員
監査役等

 第三者委員会④：日弁連ガイドラインによる規律

■策定の経緯

日本弁護士連合会は，2010年7月に「企業等不祥事における第三者委員会ガイドライン」を発表しました。不祥事対応として第三者委員会が設置される実務慣行が自然発生的に生成されてきましたが，依頼企業から独立した立場で客観的な調査を行うことは，従来の弁護士業務とは異質な面も多く，依頼企業の経営者の意向に迎合するような杜撰な調査委員会に対して当局等から問題提起がなされたことを受けて，弁護士を名宛人として日弁連が策定したものです。

■独立性を強調したベスト・プラクティスを提示

こうした策定の経緯に基づき，同ガイドラインは，右図に具体的内容を示したとおり，第三者委員会の独立性を強調したものとなっており，「依頼企業等からの独立性を貫き断固たる姿勢をもって厳正な調査を実施するための『盾』として，本ガイドラインが活用されることが望まれる」としています。

同ガイドラインは，それまで不安定だった第三者委員会の実務運用の安定化に大きく寄与してきました。また，企業のみならず，国の行政機関，地方公共団体，学校法人，スポーツ団体などに第三者委員会実務の裾野を拡げることにも寄与してきました。

■ベスト・プラクティスを踏まえた柔軟な運用も

もっとも，同ガイドラインは，「第三者委員会があまねく遵守すべき規範を定めたものではなく，あくまでも現時点のベスト・プラクティスを取りまとめたもの」です。不祥事を克服するための自浄作用は，本来，企業が自律的に働かせるべきものであり，これを第三者委員会に完全に委ねることとの間には，いくつもの選択肢が用意されているはずです。したがって，ベスト・プラクティスをふまえた上で「合理的な引き算」を行うこともあって然るべきであり，社外役員を交えたハイブリッド型の委員会設置，調査スコープの一部限定，調査報告書の一部事前開示や一部非開示，といった柔軟な運用も許容されるものと考えられます。

内部調査委員会	企業等が弁護士に対し内部調査への参加を依頼することによって，調査の精度や信憑性を高めようとするもの
第三者委員会	企業等から独立した委員のみをもって構成され，徹底した調査を実施した上で，専門家としての知見と経験に基づいて原因を分析し，必要に応じて具体的な再発防止策等を提言するタイプの委員会 経営者等自身のためではなく，すべてのステーク・ホルダーのために調査を実施し，それを対外公表することで，最終的には企業等の信頼と持続可能性を回復することを目的とする

▼

第1部　基本原則	
第三者委員会の調査対象は，第一次的には不祥事を構成する事実関係であるが，それに止まらず，不祥事の経緯，動機，背景及び類似案件の存否，さらに当該不祥事を生じさせた内部統制，コンプライアンス，ガバナンス上の問題点，企業風土等にも及ぶ	第1.1
調査に基づく事実認定の権限は第三者委員会のみに属する	第1.1
第三者委員会は，その任務を果たすため，企業等に対して，調査に対する全面的な協力のための具体的対応を求めるものとし，企業等は，第三者委員会の調査に全面的に協力する	第3
第2部　指針	
第三者委員会は，企業等と協議の上，調査対象とする事実の範囲（調査スコープ）を決定する。第三者委員会は，その判断により，必要に応じて，調査スコープを拡大，変更等を行うことができる	第1.1
企業等は，第三者委員会から提出された調査報告書を，原則として，遅滞なく，不祥事に関係するステークホルダーに対して開示する。全部又は一部を非公表とする理由は，公的機関による捜査・調査に支障を与える可能性，関係者のプライバシー，営業秘密の保護等，具体的なものでなければならない	第1.2
調査報告書の起案権は第三者委員会に専属する	第2.1
第三者委員会は，調査により判明した事実とその評価を，企業等の現在の経営陣に不利となる場合であっても，調査報告書に記載する	第2.2
第三者委員会は，調査報告書提出前に，その全部又は一部を企業等に開示しない	第2.3
第三者委員会が調査の過程で収集した資料等については，原則として，第三者委員会が処分権を専有する	第2.4
企業等と利害関係を有する者は，委員に就任することができない。顧問弁護士は，「利害関係を有する者」に該当する	第2.5
弁護士である第三者委員会の委員及び調査担当弁護士に対する報酬は，時間制を原則とする。成功報酬型の報酬体系も，企業等が期待する調査結果を導こうとする動機につながりうるので，不適切な場合が多い	第6.2

 第三者委員会⑤：顧問弁護士との役割分担

■第三者委員会は会社のアドバイザーではない

第三者委員会は，調査を進めるにつれ，当該不祥事の事案の内容や，内部統制の不備の状況を把握していきます。そのため，調査が進むにつれて，会社の側も，第三者委員会を頼りにするようになり，各ステークホルダーへの対応方針等について，助言を求めたくなる場合があります。もちろん，第三者委員会が会社との間でコミュニケーションを図ることは必要ですし，そのコミュニケーションの内容をふまえて，会社側が危機対応を適切に進めていくことは重要です。しかし，第三者委員会は，事実関係の調査，原因分析および再発防止策の提言を目的とし，経営陣は第三者委員会にとって「調査対象」と位置づけられます。

そうであれば，経営陣との信頼関係をベースに膝詰めで危機対応の相談に乗るアドバイザー的な立場と，第三者委員会の立場とは，本来相容れない，両立し得ないものであると理解すべきです（同じ監査法人グループが，一方で会計監査を，他方でコンサルティングを受託してはならないのと同じことです）。

そのため，会社が危機対応を進めるためには，第三者委員会を設置するのとは別に，顧問弁護士等から適切な助言を得る体制を整えておく必要があります。

■顧問弁護士との役割分担

大規模不祥事により第三者委員会を設置した企業には，会社に寄り添う「アドバイザー」が必要になります。被害者，消費者，取引先，債権者，株主，投資家，監督官庁，捜査機関，マスメディアなど，山のように押し寄せてくるステークホルダー対応について，会社に寄り添ってこれを全力で支援する役割を担うのに最適なのは会社の事情をよく知る顧問弁護士であり，その必要性は，第三者委員会を設置しても異なるところではありません（なお，日弁連ガイドラインは，顧問弁護士は利害関係があるため，第三者委員会の委員として不適格としています）。

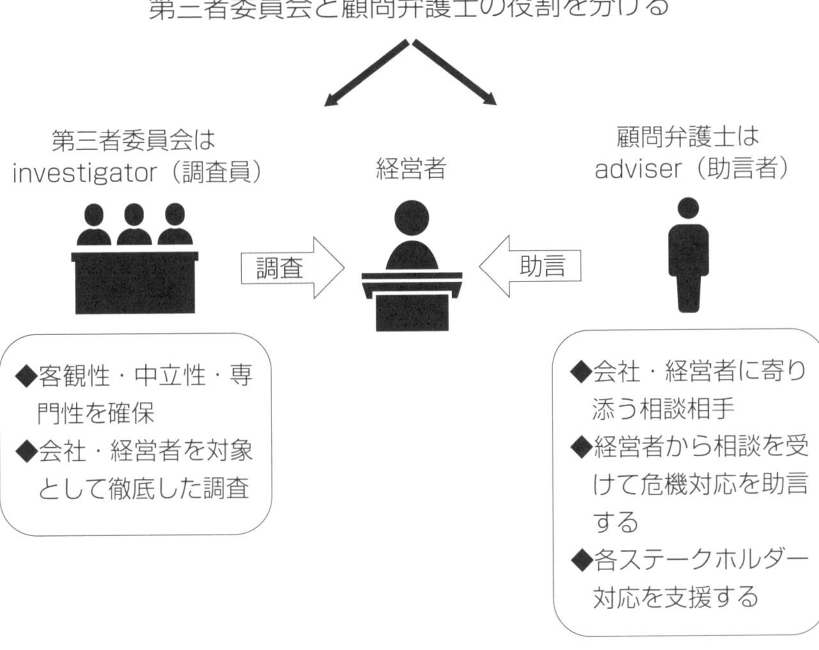
第三者委員会と顧問弁護士の役割を分ける
第三者委員会は
investigator（調査員）
経営者
顧問弁護士は
adviser（助言者）
調査
助言
◆客観性・中立性・専門性を確保
◆会社・経営者を対象として徹底した調査
◆会社・経営者に寄り添う相談相手
◆経営者から相談を受けて危機対応を助言する
◆各ステークホルダー対応を支援する

第三者委員会⑥：弁護士秘匿特権との関係

■神戸製鋼所の取扱い

神戸製鋼所の検査データ改ざん問題で，同社が設置した外部調査委員会は同社に調査結果を提出しましたが，同社はこれを非公表とし，その代わりに，同社名義の報告書を公表しました。

このような取扱いをした理由として，同社は，同報告書のなかで，「外部調査委員会の調査結果の詳細を公表することは，米国等におけるリーガル・プラクティスに整合しない」と述べました。

■調査報告書の公表と弁護士秘匿特権との関係

これを契機として，第三者委員会の調査報告書の公表というわが国に定着した実務慣行は，米国の司法制度との関係では問題を孕むのではないか，という問題提起がなされました。

具体的には，第三者委員会の調査報告書を会社が公表することが，米国の司法手続において，ディスカバリー（証拠開示）制度の例外として会社に本来認められるべき弁護士秘匿特権（弁護士と依頼者との間の通信の秘密が保護される権利）を会社が自ら放棄したものと裁判官に判断され，その結果，第三者委員会の調査の過程で生成されたあらゆる証拠を裁判所に提出しなければならなくなるのではないか，という懸念が生じました。

■実務対応のポイント

この問題については，ステークホルダーに対する説明責任を果たして信頼回復を図り企業価値を再生するという役員の善管注意義務と，訴訟対応を誤って無用な損害賠償債務を負うことを回避するという役員の善管注意義務とが衝突する場面と整理されます。

こうしたいわゆる「義務の衝突」の場面では，双方の義務を最大限に果たすための妥当な調整点を探ろうとすることが，双方の義務を等しく履行するための方策となります（詳細は，竹内朗「企業不祥事の事例分析―神戸製鋼所検査データ改ざん問題」月刊監査役2018年７月号78頁）。

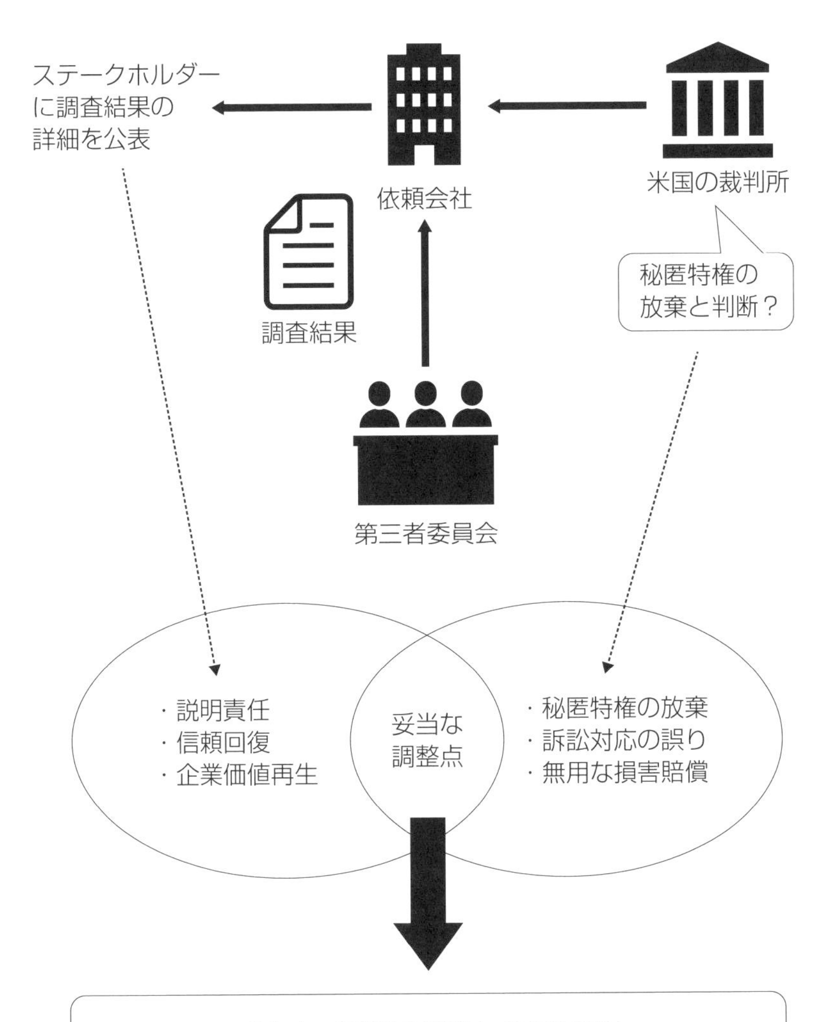

こうした「義務の衝突」の場面では，
役員に課される双方の善管注意義務を最大限に果たすため，
妥当な調整点を探る

 オールステークホルダー対応

■オールステークホルダーに対するバランスの取れた対応

会社への「信頼度」は，各ステークホルダーからの個々の評価が集積されて形成されます。このため，すべてのステークホルダーを見渡して一部のステークホルダーだけに偏らない，バランスの取れた対応をすることが肝心です。

その際，会社が忘れてしまいがちなのは，従業員への説明責任です。従業員も会社の重要なステークホルダーです。また，会社方針を外部に説明する窓口は従業員ですので，その従業員が会社方針を十分に理解しているか，納得しているか，適正なモチベーションを持って対応にあたってもらえるかどうかは，その後の信頼回復に向けて重要なポイントになります。

■初動段階からすべてのステークホルダーを意識する

危機対応は待ったなしです。スピード感を持って対応しなければ，信頼度の低下に歯止めはかからず，かけた時間の分だけ損害が拡大していくことになります。

初動では，まず正確な事実確認を目指しますが，初期の段階から，どのステークホルダーに，どのタイミングでどのような説明を行うのかを考慮に入れて，たとえばチェックリストによる管理をするなどして漏れのない対応を目指す必要があります。事案によっては，極めて短時間での判断が必要となる場合もあり，たとえば食品事故事案では，発覚から公表までの持ち時間は数時間しかないといわれているなか，限られた時間で必要な先への説明を尽くすにはどうすればいいのか，平時からシミュレーションしておくことが重要です。

■大量のタスクを同時並行で処理

その後も，被害者，消費者，取引先，行政当局，銀行，マスコミなどさまざまなステークホルダーへの対応を同時進行的に進めなければなりません。そこでは，右図のような事項をはじめとした，大量のタスクが押し寄せてきます。スピード感を維持したまま，経営層のダイレクトなコントロールによる迅速な意思決定により，十分な説明責任を果たしていくことが重要になります。

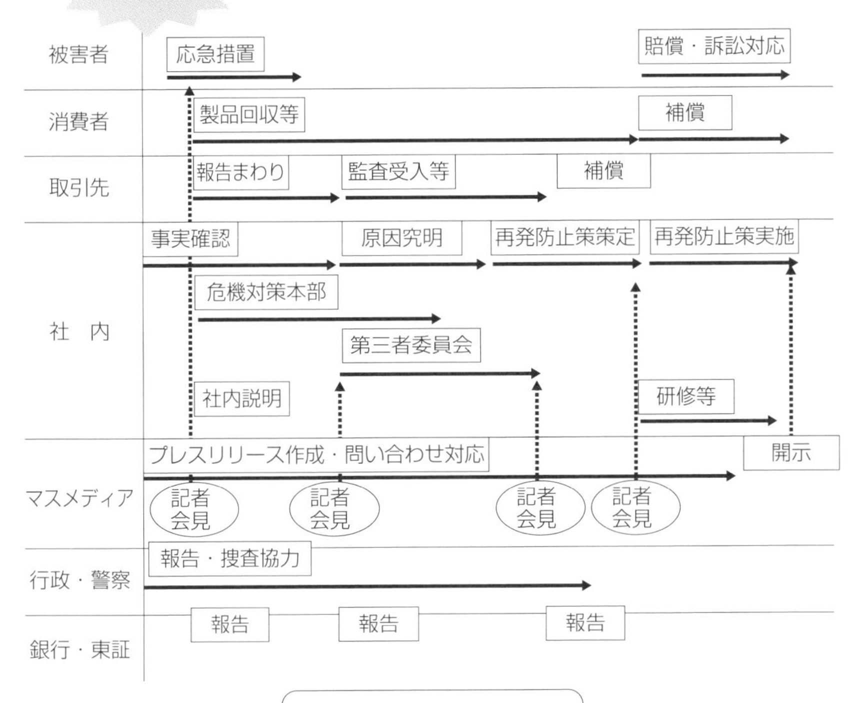
有事発生と同時に山のように押し寄せてくるタスクに同時並行的に対応
有事発生
被害者
応急措置
賠償・訴訟対応
消費者
製品回収等
補償
取引先
報告まわり
監査受入等
補償
社　内
事実確認
原因究明
再発防止策策定
再発防止策実施
危機対策本部
第三者委員会
社内説明
研修等
マスメディア
プレスリリース作成・問い合わせ対応
開示
記者会見
記者会見
記者会見
記者会見
行政・警察
報告・捜査協力
銀行・東証
報告
報告
報告
すべてのステークホルダーを見回し，必要な情報を漏れなく提供して説明責任を果たす

 機関投資家とのエンゲージメント

■エンゲージメント・アジェンダ

機関投資家の適切なスチュワードシップ活動に資するよう，機関投資家が協働で行う企業との建設的な「目的を持った対話」（協働エンゲージメント）を支援する目的で設立された一般社団法人機関投資家協働対話フォーラム（Institutional Investors Collective Engagement Forum）は，2018年7月19日，「不祥事発生企業への，情報開示と社外役員との協働対話のお願い」と題するエンゲージメント・アジェンダを発表しました。上場会社の不祥事対応に対する機関投資家の考え方を示す貴重な資料といえます。

■機関投資家の立場と考え方

機関投資家（Asset Manager）は，顧客・受益者（Asset Owner）に対し，日本版スチュワードシップ・コード原則4－1の責務を負っています。

不祥事が表面化し株価が下落しても，パッシブ運用の投資家は，基本的に株式を保有し続けます。広く日本株式全体に投資をしていることから，いわば“日本株式会社”のユニバーサル・オーナーという観点を有しており，超長期投資のスタンスで，企業の持続的な成長を支援する立場です。

パッシブ運用の投資家は，不祥事が発生した会社に十分な説明を求めるとともに，投資家が懸念する課題を伝えて課題認識を共有化し，改革を促し，企業価値の再生を支える役割が求められています。

■不祥事発生企業に対する2つのお願い

IICEFの不祥事発生企業に対する具体的なお願い事項は，右の2点です。

「社外役員の皆様の活動が社内で支障なく推進されるように，株主が応援していることを示したい」とする点に，社外役員に期待して背中を押したいIICEFの姿勢がよく表れています。

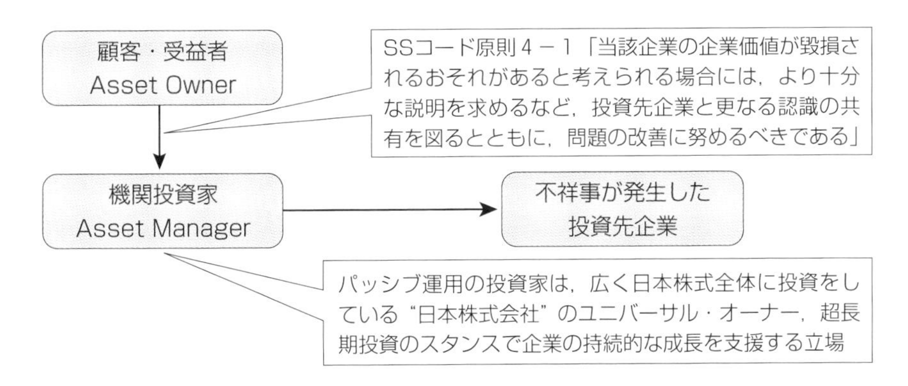

不祥事対応に関する参加投資家の考え方
・隠蔽や誤魔化し，自己保身などを図ることなく，日本取引所自主規制法人「上場会社における不祥事対応のプリンシプル」をベースに，徹底した実態調査と原因究明，そして，背景にある問題把握と改革，実効的な再発防止策を実施し，企業価値の再生に取り組んでいただきたい
・日本弁護士連合会「企業等不祥事における第三者委員会ガイドライン」に準拠し，高度な独立性を有する第三者委員会を発足させ，同委員会の活動をサポートし，その報告を真摯に受け止めていただきたい
・企業体質・風土からの改革，社外の目線からのコーポレートガバナンス改革が必要であり，社外取締役，社外監査役に重要な役割を果たしていただかなくてはならない

▼

不祥事発生企業に対するお願い	
①情報開示	・不祥事となった事案を含め，懸念のあるすべての事案についての事実関係と根本的な要因，実効性のある再発防止策，さらには業績への影響について，迅速かつ適切に情報開示 ・不祥事発生後に最初に迎える株主総会で，社外役員の選任議案について，社外役員の役割と指名に関する考え方を，株主総会前に株主に向けて説明
②社外取締役・社外監査役との協働対話の実施	・会社が今回の問題に着実に取り組んでいるかどうか，第三者委員会の活動を会社がサポートし，同委員会からの報告・提言に会社が適切に取り組んでいるかどうかをモニタリング ・会社のコーポレートガバナンスの課題を見出し，改革を促進 ・社外役員の皆様の活動が社内で支障なく推進されるように，株主が応援していることを示したい

 危機管理委員会の設置と運用

■最小限の規程で機動的な運用

会社が危機に直面した時のため，平時から危機時の対応要領を定めた危機管理規程を整備し，危機管理委員会の設置を規定しておく必要があります。ただし，「重すぎる組織」は危機時の情報集約や迅速な意思決定に対する機動性を損ねることとなりますので，危機管理規程では，以下のような基本事項は必須で定めるとしても，その他は，ある程度概括的な定めとしておくべきでしょう。

■危機管理規程で定めておくべき事項

① 危機の定義

危機管理委員会はさまざまな危機への対応を想定すべきであり，設置される場面を事前にすべて定めておくことは不可能です。典型的なリスク事象を例示し，概括的な委員会設置基準を定めるのみに留め，柔軟な運用を目指すべきです。

② 危機管理委員会の設置と運営

緊急事態が発生した場合，またはその発生が予想される場合に，速やかに，危機管理委員会を設置することができる旨を規定しておくことが必要です。その際，設置の判断権限者を明確にするとともに，チームの組成と運営のための強力な権限を委員長に与えて機動的な運営を可能にしておくことが重要です。

③ 誰が委員長，委員になるか

委員長は社長またはリスク管理担当取締役が務めるべきです。その他の構成委員はケースバイケースですが，たとえば，リスク管理統括部を事務局，法務部，経営企画部，広報部等をコアメンバーとして，その他は委員長が事案に応じて必要な部門から人選し，任命できる体制としておくべきでしょう。

④ 何を決定するのか

危機管理委員会における決定事項と緊急事態に対応し得る決定権限を定めておくことが必要です。

⑤ 誰がいつ任務結了を判断するのか

緊急事態が通常職制で対応でき，かつ，再発防止策の実施が確認された時に委員長が解散する等と定めることが考えられます。

危機管理委員会の設置から任務結了まで（例）

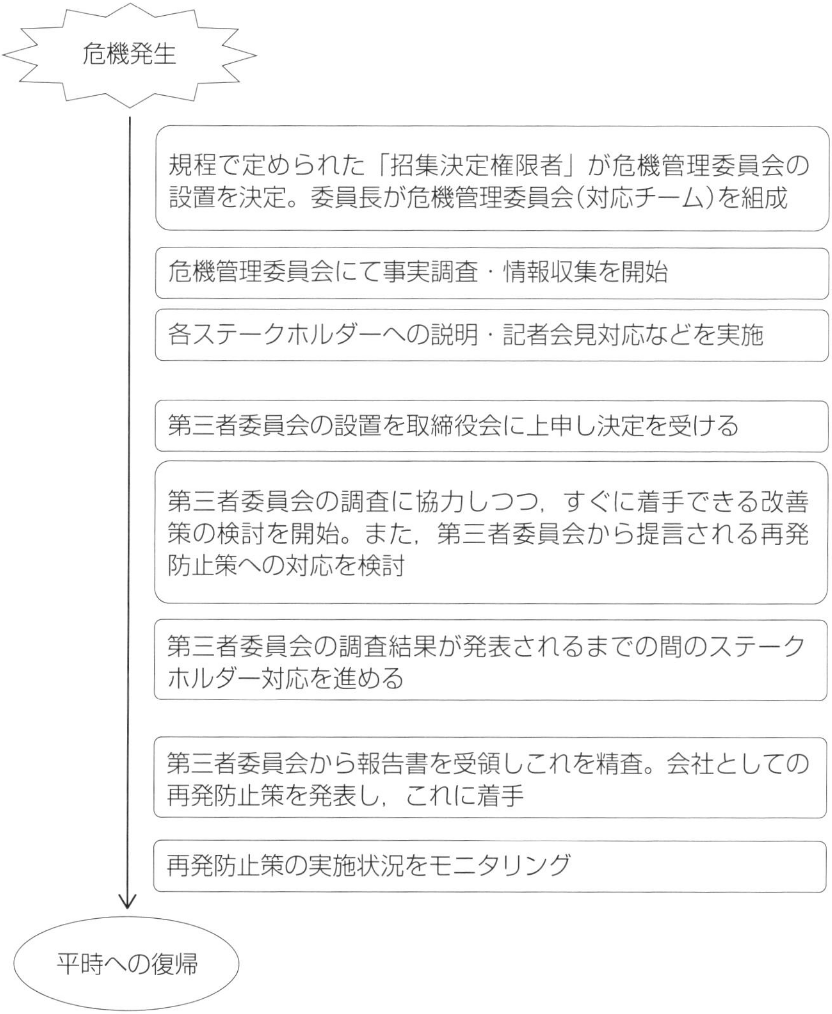

危機発生

規程で定められた「招集決定権限者」が危機管理委員会の設置を決定。委員長が危機管理委員会(対応チーム)を組成

危機管理委員会にて事実調査・情報収集を開始

各ステークホルダーへの説明・記者会見対応などを実施

第三者委員会の設置を取締役会に上申し決定を受ける

第三者委員会の調査に協力しつつ，すぐに着手できる改善策の検討を開始。また，第三者委員会から提言される再発防止策への対応を検討

第三者委員会の調査結果が発表されるまでの間のステークホルダー対応を進める

第三者委員会から報告書を受領しこれを精査。会社としての再発防止策を発表し，これに着手

再発防止策の実施状況をモニタリング

平時への復帰

 危機を想定した訓練①：模擬危機対応

■模擬危機対応の実施

会社に生じ得る不祥事を事前に予測して完璧にシミュレーションしておくことはできません。そして，危機発生時の動き方は事細かに決まっていませんし，決められません。そこで，いざという時に，危機管理体制が十分に機能するように，本章で述べた不祥事対応のプロセスをベースに，「模擬危機対応」の訓練を行っておくとよいでしょう。本書では，以下のように模擬危機対応を進めることを推奨します。

■具体的な危機事案の想定とシナリオに従ったディスカッション

まず，会社で発生しそうな危機事案を想定し，危機発生後の事案の進展を含めてシナリオを作成します。事案の内容は訓練に参加するメンバーには伏せたまま訓練を開始し，参加メンバー（危機発生時の対応チームや危機管理委員会の委員）は，場面ごとに次々と切り替わっていく事案の進展と，その場面に応じた設問に合わせてディスカッションと方針決定を繰り返していきます。これらを記録しておき，最後に振返りと講評を実施します。

■危機に直面した時の「決断力」を養う

訓練では「即時に正しい決断を下す能力」を養うことを目的とします。上記のような訓練の進め方をすれば，危機発生時にはさまざまな問題とそれに対する「決断」の必要性が波のように押し寄せることがわかるでしょう。現実の危機発生時には，そのスケールも重大さも訓練の比ではありません。このような事実の一端を体感した上で，即時に正しい決断を下し続けていくことの重要性を学びます。そして，その決断の過程と適否を振り返り，ディスカッションしておくことも，訓練として有益です。

また，この訓練を通じて，自社の危機管理体制の不備に気づくこともあるでしょう。そこで発見した不備を修正することを繰り返し，危機管理体制のレベルアップを図ることができるのです。

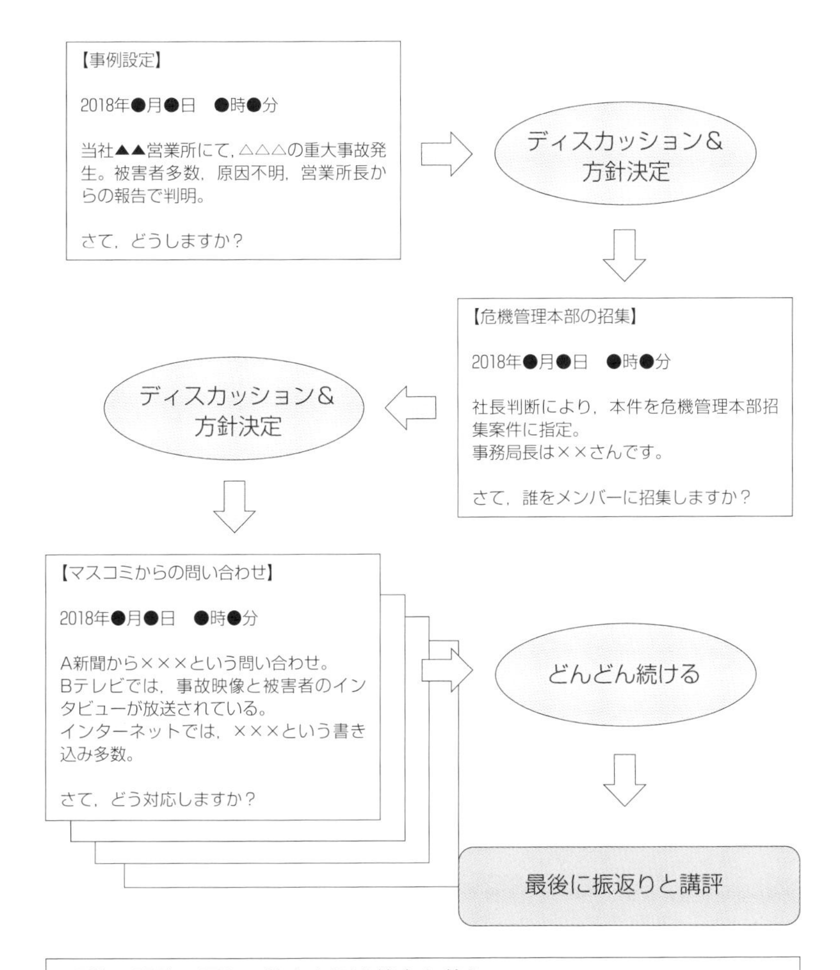

目的：即時に正しい決定を下す能力を養う

- 危機管理本部を動かす訓練
- 有事の練習は不可能。少しでも訓練して経験値を上げる
- 平時の不備に気づきを与え，改善の機会とする

 危機を想定した訓練②：模擬記者会見

■模擬記者会見の実施

記者会見は，企業への良い印象も悪い印象も，極めて効果的に伝達します。いざという時に失敗しないため，平時の訓練が必須でしょう。本書では，①具体的な想定事例をベースに会社のポジションやスタンスを決定するフェーズ，②当該想定事例に基づき各種ツールを作成するフェーズ，③登壇候補者による模擬記者会見実施のフェーズ，の３段階での訓練実施を推奨します。

■模擬記者会見は危機対応チーム全体の訓練

近年は，経営トップへのメディアトレーニング・模擬記者会見を実施している企業も多いと思われます。しかし，その内容が登壇者への「記者会見体験」を提供するのみに留まっているならば，もう一歩踏み込み，危機対応チームの総合力を鍛える貴重な機会として活用していただきたいと考えます。

すなわち，広報部に限らず危機対応チームのコアメンバー全員が参加して，当該企業で生じ得る危機・不祥事の具体的な想定事例を作成し，これをもとに，参加者全員で記者会見での獲得目標の設定，発信すべき情報等を討議し，プレスリリースやシナリオ，Q&A等のツール作成といった一連の作業を体験することによって，企業全体の有事における対応力を磨くことを目指します。

■経営トップにスイッチを入れる

模擬記者会見では，事前に作成したシナリオやQ&Aなどを用い，会見場への入場・冒頭のステートメント発表・質疑応答までをスクリーニングします。その際，外部の専門家の協力を得て，登壇者が怒り出してしまうぐらいの厳しい質問を浴びせることが重要です。

厳しい質問を浴びせること自体が有事の訓練として有益である上，経営トップに「万が一の時は，これより数倍厳しい状況になるかもしれない。このままではまずい」との危機感を抱かせることになるかもしれません。その結果，平時のリスク管理にスイッチを入れることに成功すれば，訓練は成功だといえます。

模擬危機対応訓練に続けて，同じ想定事例を用いて実施することにより一連の意思決定能力を高める訓練となる

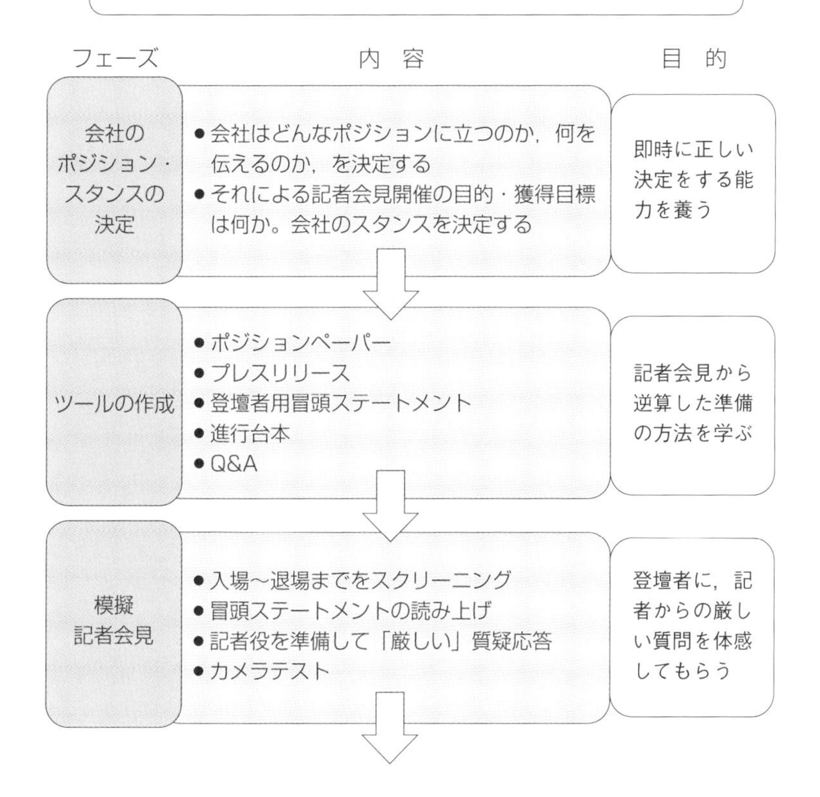

【リスク管理のスイッチを入れる】
経営トップが「万が一の場合にはこれより数倍厳しい状況になるかもしれない。平時のリスク管理を強化しておかなければ」と危機感を抱いてくれれば，訓練は成功

 日本版司法取引①：制度概要と適用事例

■協議・合意制度（日本版司法取引）の概要

2018年6月1日に施行された改正刑事訴訟法（第4章 証拠収集等への協力及び訴追に関する合意，350条の2ないし15）が定める「協議・合意制度」（いわゆる日本版司法取引）とは，検察官と被疑者・被告人およびその弁護人が協議し，被疑者・被告人が「他人」の刑事事件の捜査・公判に協力するのと引換えに，自分の事件を不起訴または軽い求刑にしてもらうことなどを合意する制度です。

その目的は，組織的犯罪における首謀者の関与を含めた事案の全容解明に役立つ証拠を獲得することにあります。「真実の供述」と「証拠の提出その他の必要な協力」が必要で，事案の全容解明に役立つ証拠の提出を要します。弁護人の関与が必要になります。

なお，「他人」の刑事事件の捜査・公判に協力するものであり，「自分」の罪を認める代わりに不起訴などを約束してもらうものではありません。

■対象となる犯罪

詐欺，背任，業務上横領，会社法違反，独占禁止法違反，金融商品取引法違反，租税法違反，贈収賄罪，外国公務員贈賄罪（不正競争防止法違反）などが，協議・合意制度の対象となる犯罪です。

■２件の適用事例

すでに２件の適用事例があります。

１件目は，三菱日立パワーシステムズ（MHPS）の役職員が外国公務員贈賄罪（不正競争防止法違反）で起訴された事例で，会社との間で司法取引が成立し，会社は不起訴となりました。

２件目は，日産自動車の元代表取締役会長らが有価証券報告書虚偽記載（金融商品取引法違反）で起訴された事例で，専務執行役員らとの間で司法取引が成立し，専務執行役員らは不起訴となったと報道されています。

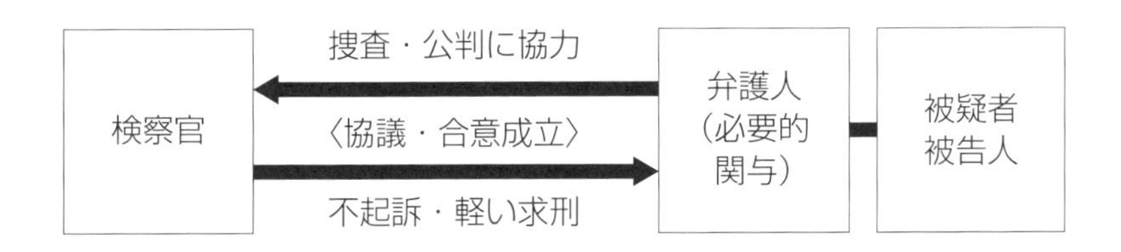
検察官
捜査・公判に協力
〈協議・合意成立〉
不起訴・軽い求刑
弁護人
（必要的
関与）
被疑者
被告人

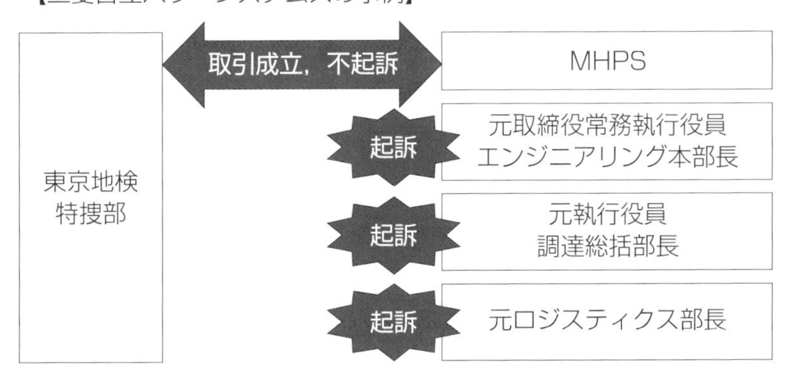
【三菱日立パワーシステムズの事例】
東京地検
特捜部
取引成立，不起訴
MHPS
起訴
元取締役常務執行役員
エンジニアリング本部長
起訴
元執行役員
調達総括部長
起訴
元ロジスティクス部長

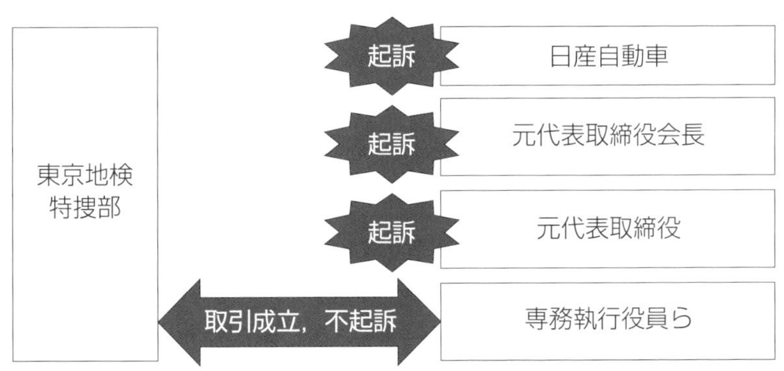
【日産自動車の事例】
東京地検
特捜部
起訴
日産自動車
起訴
元代表取締役会長
起訴
元代表取締役
取引成立，不起訴
専務執行役員ら

日本版司法取引②：対応のポイント

■リーニエンシーを利用できず株主代表訴訟に

日本版司法取引が導入されたことによる実務への影響を考える上で，住友電工がカルテルで課徴金納付命令を受けて課徴金を納付し，株主代表訴訟を起こされた事件はとても参考になります。

原告は，リーニエンシーに関する内部統制システム構築義務違反と，実際にリーニエンシーを利用しなかった過失を，役員らの責任原因として提訴したところ，役員らが多額の解決金を支払って和解するという結末に至りました。

判決が下されていないのであくまで推測の域を出ませんが，事実関係の確認が遅れたこと，社内の意思決定が遅れたこと，他社に先んじてリーニエンシーを利用できなかったことについて，裁判所が役員らの善管注意義務違反を一定範囲で認める判断をしたのではないかと思われます。

■社内調査の重要性が高まる

日本版司法取引では，事案の全容解明に役立つ証拠を検察官に提出することを要します。関係者が会社に先んじて重要な証拠を検察官に持ち込んでしまえば，会社が司法取引を持ちかけても検察官は応じてくれません。

したがって，役職員による犯罪の可能性を察知したら，迅速に精度の高い社内調査を実施して事実関係を把握し，そこで獲得した重要な証拠を検察官に持ち込んで会社の免責を得るかどうかの判断をすることが必要になります。場合によっては，このような対応を行い会社の損失を回避ないし減少させることが，役員の善管注意義務とされる可能性もあります。

■役職員と検察官から信頼される内部統制システム整備を

普段から内部統制システム整備を疎かにしている会社が，いざという時に司法取引を行おうとしても，役職員は会社を信頼してくれず，社内調査への協力を拒み，自ら司法取引を行おうとするでしょう。検察官もそのような虫の良い会社との司法取引には応じてくれないでしょう。普段から役職員と検察官に信頼される内部統制システムの整備に取り組んでいく必要があります。

【住友電工カルテル株主代表訴訟事件】

〈原告が訴状で主張した役員らの責任原因〉
1．本件カルテルに関与または黙認した過失
2．カルテル防止に関する内部統制システム構築義務違反
3．課徴金減免制度（リーニエンシー）に関する内部統制システム構築義務違反
　事実関係の確認やリーニエンシー申請に関する社内の意思決定の遅れが自社の損失につながらないよう，有事に備えた体制づくりを行う必要がある。
　むしろカルテル発生を予想し，経営上のリスクとしてカルテルが存在することを見込んだ上で，他事業者の申告に先駆けて違反事実を申告して課徴金を免れるコンプライアンス・システムを構築する義務があった。
4．実際にリーニエンシーを利用しなかった過失
　当時の取締役らにとって光ケーブルの分野でのカルテルや，近日中に光ケーブルに関しても立入検査があり得ることは認識することが可能であった。本件取締役らは立入検査前には他事業者に先駆けて違反事実を申告するべきであった。

2014年５月７日日本経済新聞電子版
「住友電工カルテル，５億円支払いで和解　再発防止策盛り込む」
　光ケーブルなどを巡るカルテルを結び，独占禁止法違反（不当な取引制限）で約88億円の課徴金を納付した住友電気工業の当時の役員ら22人に同額の損害賠償を求めた株主代表訴訟で，役員らが会社に５億2,000万円の解決金を支払う和解が７日，大阪地裁で成立した。外部調査委員会による原因究明や再発防止策の策定など，原告の株主側の要求も盛り込んだ。

- 株主代表訴訟の被告となった役員らが解決金を支払って和解した事実は重い
- 司法取引を成立させられず，会社の損失を回避・低減させることに失敗した役員らが，善管注意義務違反に問われるおそれもある
- 迅速に精度の高い社内調査を実施して司法取引の是非を判断することが実務対応として重要になる

第 5 章

グループおよびサプライチェーンのリスク管理

 不祥事予防プリンシプル原則５

■グループ全体を貫く経営管理

不祥事予防のプリンシプルは，原則５「グループ全体を貫く経営管理」を定めました。

連結経営時代を迎え，純粋持株会社や事業持株会社が増えたことにより，企業グループ全体を揺るがすような大規模な不祥事が，子会社を舞台にして発生することが増えました。

子会社に対する経営管理を励行しないと，グループ全体の企業価値を守ることができないという問題意識から，原則５は定められました。

■「グループ全体を貫く」とは

「グループ全体を貫く」とは，親会社を起点とする経営管理機能が，子会社，孫会社，海外子会社，買収子会社など，企業グループの末端にまで行き渡ることを表しています。

そのために，親子間で経営管理（＝業績管理＋リスク管理）の機能を担う部署同士がしっかりと連携します。後述する３つの防衛線のタテ串を企業グループの末端にまで貫くことは，その具体的な方策となります。

■グループ会社のリスク評価をふまえて

原則５は，「自社グループの構造や特性に即して，各グループ会社の経営上の重要性や抱えるリスクの高低等を踏まえることが重要」としています。

グループ経営管理（＝業績管理＋リスク管理）もリスク管理活動の一環ですから，「リスクベース・アプローチ」が妥当し，リスクの高いグループ会社にはリソースを厚めに投入し，高度なリスク管理を行います。

グループ会社をリスク評価する際の考慮要素を，右図に列挙しました。こうした要素を分析することで，子会社のリスクを精緻に評価することが出発点となります。

原則5	グループ全体を貫く経営管理
グループ全体に行きわたる実効的な経営管理を行う。管理体制の構築に当たっては，自社グループの構造や特性に即して，各グループ会社の経営上の重要性や抱えるリスクの高低等を踏まえることが重要である。 特に海外子会社や買収子会社にはその特性に応じた実効性ある経営管理が求められる。	

グループ会社をリスク評価する際の考慮要素	
自社グループの構造や特性	純粋持株会社　⇔　事業持株会社 分社型　⇔　買収型　⇔　経営統合型 単一事業型　⇔　コングロマリット型 上場親会社　⇔　上場子会社　⇔　非上場子会社
各グループ会社の経営上の重要性	連結子会社　⇔　非連結子会社 持分法適用会社　⇔　その他の関連会社 完全子会社　⇔　少数株主存在 合弁会社　⇔　マジョリティ出資　⇔　マイノリティ出資 事業型　⇔　管理事務統括型
各グループ会社の抱えるリスクの高低等	コア事業　⇔　ノンコア事業 国内法人・国内拠点　⇔　海外法人・海外拠点 分社法人　⇔　買収法人 規制業種　⇔　非規制業種 寡占業種　⇔　非寡占業種 顧客が日系企業　⇔　顧客が現地企業

 経産省グループ・ガバナンス・システム実務指針

■グループガイドラインの策定

2019年6月28日，経済産業省のコーポレート・ガバナンス・システム研究会（第2期）は，グループ・ガバナンス・システムに関する実務指針（グループガイドライン）を策定，公表しました。グループ内部統制に関する多くの示唆を得られます。

■内部統制システムに関する現状と課題

同ガイドライン4.2は，以下のように述べます（抜粋)。

・グループ各社の多様性が高まる中,「子会社による迅速な意思決定」と「グループ全体でのガバナンス（子会社管理）の実効性確保」の間のジレンマを感じつつ，グループガバナンスの在り方について模索している企業が多い。

・実際，多くの日本企業においては，事業面で分権化を進めながら，一方で,（分権化に応じて再構築すべき）グループ本社による一元的なリスクマネジメントの体制を築けていないのではないかとの指摘もある。

・また，最近の企業不祥事では，グループ内部での体制や内部規程類は整備されていても，第1線（事業部門）のコンプライアンス意識が希薄であり，第2線（管理部門)・第3線（内部監査部門）によるチェック機能も不全であった等，内部統制システムが実効的に運用されていない点が指摘されている。

■内部統制システムの構築・運用に関する基本的な考え方

同ガイドライン4.3は，以下のように述べます。

・グループ全体での実効的な内部統制システムの構築・運用は，グループの企業価値の維持・向上の観点からも重要である。その具体的設計に当たっては，各社の経営方針や各子会社の体制等に応じ，監視・監督型や一体運用型の選択や組合せが検討されるべきである。

・また，内部統制システムの高度化に当たっては，ITの活用等により効率性とのバランスを図ることも重要である。

事業推進と
事業リスク管理は
「車の両輪」のはず

事業面で分権化を進めながら，分権化に応じて再構築すべきグループ本社による一元的なリスクマネジメントの体制を築けていないのではないか？

【２つの基本的な設計パターン】

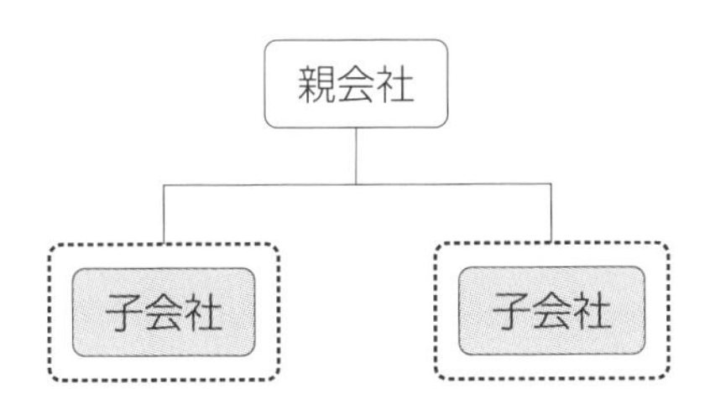

①監視・監督型
子会社ごとの体制整備・運用を基本としつつ，各子会社における対応が適切に行われているかを親会社が監視・監督

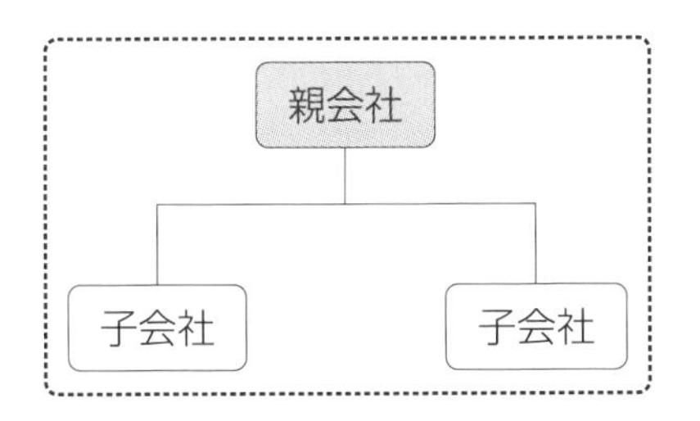

②一体運用型
子会社も親会社の社内部門と同様に扱い，親会社が中心となって一体的に整備・運用

 グループを貫く３つの防衛線

■３つの防衛線の活用

予防プリンシプル解説５－１は，「子会社・孫会社等をカバーするレポーティング・ライン（指揮命令系統を含む）が確実に機能し，監査機能が発揮される体制」と述べます。

３つの防衛線を有効に活用すれば，親子間の１線・２線・３線同士が日頃から連携し，指揮命令系統とレポーティング・ラインで日頃からつながっている状況をつくり出すことができます。

■独立性と統一性のメリハリ

解説５－１は，「経営や業務運営における一定程度の独立性を許容する場合でも，コンプライアンスの方針についてはグループ全体で一貫させる」と述べます。

３つの防衛線を前提にすれば，１線の事業推進については子会社の経営者に大幅に権限委譲し，その経営手腕を振るってもらうとしても，２線のリスク管理と３線の監査については，親会社の要求水準を満たしてもらいます。

このことは，子会社が上場子会社である場合にも妥当します。上場子会社のリスク管理と監査の機能が十分に発揮されることは，企業価値向上につながり，上場子会社の一般株主にとっても共通の利益となるので，基本的に一般株主との間で利益相反は生じないと考えることができます。

■子会社に２線のタテ串を貫く

右図にあるとおり，子会社や海外拠点に常駐する２線（1.5線と呼ぶこともある）が，１線に対する「予防統制」を働かせるとともに，１線に問題があれば，速やかに親会社の２線にエスカレーションする「発見統制」を働かせます。

子会社や海外拠点に常駐する２線は，親会社の２線から物理的にも心理的にも離れていることが多いので，日頃から親子の２線同士で「気脈を通じる」ことが，グループにタテ串を貫く重要なポイントになります。

解説５－１

　不祥事は，グループ会社で発生したものも含め，企業価値に甚大な影響を及ぼす。多数のグループ会社を擁して事業展開している上場会社においては，子会社・孫会社等をカバーするレポーティング・ライン（指揮命令系統を含む）が確実に機能し，監査機能が発揮される体制を，本プリンシプルを踏まえ適切に構築することが重要である。
　グループ会社に経営や業務運営における一定程度の独立性を許容する場合でも，コンプライアンスの方針についてはグループ全体で一貫させることが重要である。

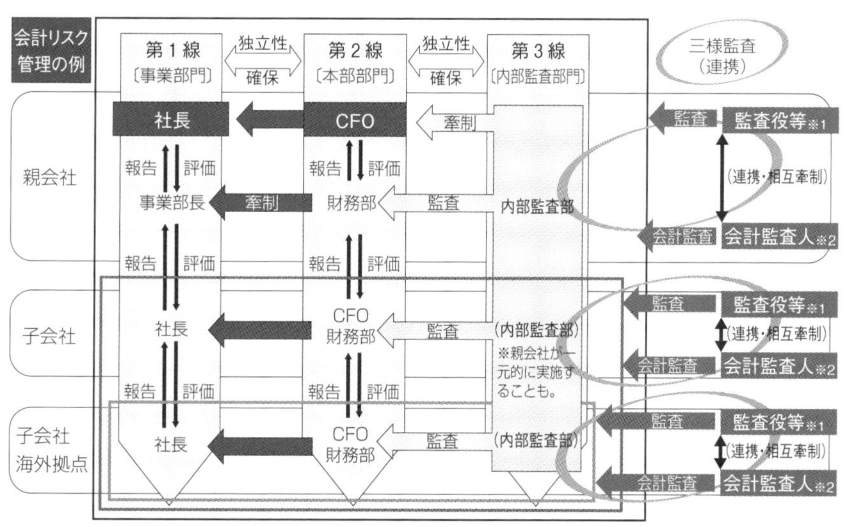

※1：監査等委員，監査委員の場合も同様
※2：監査等委員会設置会社，指名委員会等設置会社，大会社の場合，設置が必須。（会社法第327条第５項，328条１項・２項）

（出所）　経済産業省「グループ・ガバナンス・システムに関する実務指針（グループガイドライン）」2019年６月28日，79頁

 海外子会社の管理

■海外子会社の留意点

予防プリンシプル解説5－2前段は,「海外子会社・海外拠点に関し，地理的距離による監査頻度の低下，言語・文化・会計基準・法制度等の違いなどの要因による経営管理の希薄化など」に留意が必要と述べます。

「経営管理の希薄化」とは，親会社の目線から見て，子会社とのコミュニケーションが低下し，海外子会社・海外拠点に目が届きにくくなり，子会社に対する経営管理（＝業績管理＋リスク管理）の実効性が薄れていくことと理解されます。

■「コンプラ断絶」「OKY」

一方で，海外子会社・海外拠点に目線を移すと，聞こえてくるのは，本社と現地で「コンプライアンスが断絶している」，本社から現地への「補給線が途絶している」，現場が「孤立無援のなかで孤軍奮闘している」といった，悲鳴にも似た声です。

東南アジアなど新興国に駐在するコンプライアンス担当者たちの合言葉は「OKY」で，その意味は「お前，来てやってみろ！」だそうです。現地の過酷な実情を理解しようともせず，コンプライアンス通達などを一方的に押し付けてくる本社に対する不満を象徴する言葉です。

■現地の実態把握と支援を

こうした実情を打破するグッドプラクティスとして，ビジネス法務2017年11月号45頁に掲載された「日本電産『海外キャラバン』に見るローカルスタッフとの対話を通じたコンプライアンス」という記事が参考になります。

約2週間の日程を組み，複数の海外拠点を回り，50～60人対象のセミナー，20人程度のディスカッション，自由相談の3つのセッションを組み合わせるもので,「ローカルスタッフ1人ひとりとひざを突き合わせて語り，その話に耳を傾ける」ことが重要と述べられています。本社の2線が現場の1.5線に十分な「支援」を与えている実例といえます。

解説５－２前段

特に海外子会社や買収子会社の経営管理に当たっては，例えば以下のような点に留意が必要である。

▶　海外子会社・海外拠点に関し，地理的距離による監査頻度の低下，言語・文化・会計基準・法制度等の違いなどの要因による経営管理の希薄化など

（不祥事につながった問題事例）

✓　海外子会社との情報共有の基準・体制が不明確で，子会社において発生した問題が子会社内で内々に処理され，国内本社に報告されず。その結果，問題の把握・対処が遅れ，企業価値毀損の深刻化を招く

✓　許容する独立性の程度に見合った管理体制を長期にわたり整備してこなかった結果，海外子会社のコントロール不全を招き，子会社経営陣の暴走・コンプライアンス違反を看過

海外子会社は，物理的にも心理的にも，親会社からの距離が離れている

本社の２線が現場の1.5線に十分な「支援」を与える

【グッドプラクティス】
日本電産法務部の「海外キャラバン」
・法務部員が年１回，海外子会社を巡回
・現場の悩みを聞き，現場の課題を解決すべく支援する

 富士ゼロックス海外子会社不正会計問題から学ぶ

■事案の概要

富士フイルムホールディングス（FH）が75％出資する連結子会社富士ゼロックス（FX）のシンガポールのアジアパシフィック営業本部（APO）の先にあるニュージーランドのファイナンシング会社および販売会社（FXNZ）で，MD（Managing Director）がリース取引で不正な会計処理を行うなどした事案で，FHは過去6年間の当期純利益に与える影響の累計額を375億円としました。

■3つの防衛線からの整理

3つの防衛線の観点から整理すると，FXNZのMDによる不正会計という海外の1線の暴走をAPOの内部監査室が発見して指摘しましたが，FXとAPOの営業部門という1線，APOの経理部という2線がその指摘を放置し続けたことが，長期間にわたり不正会計を許してしまった要因でした。

FXNZのMDは，連続48カ月業績目標達成，年間最優秀MD賞3回受賞などスタープレーヤーと目されていました。問題を発見してAPOの経理部長に指摘したAPOの内部監査部の責任者は，フィリピンに左遷されました。匿名メールで問題がFHにエスカレーションされると，FXの副社長と専務（いずれも歴代のAPO責任者）は露骨な隠ぺい工作を働き，FXの2線もこれに同調しました。

しかし，FX社長が，副社長と専務の説明を疑い，3線であるFX経営監査部に対して調査指示を出し続け，その活動を鼓舞してエンパワーし続け，3線本来の調査機能を貫徹させたことで，不正会計の発見と是正につなげることができました（詳細は，竹内朗「企業不祥事の事例分析―富士ゼロックス不正会計問題」月刊監査役2017年10月号100頁）。

■2線と3線のタテ串を貫く

本事案から得られる教訓は，やはり2線と3線のタテ串を子会社から海外拠点まで貫くことに尽きます。

	営業部門〈1線〉	財務部門〈2線〉	内部監査部門〈3線〉
FH	営業本部長	経営企画部	監査部
FX	海外事業 隠ぺい工作	経理部	経営監査部 調査貫徹
APO	営業本部 指摘放置	経理部 指摘放置	内部監査部 発見指摘
FXNZ	MD 不正行為	CFO 指摘放置	（往査）

買収子会社の管理

■買収子会社の留意点

予防プリンシプル解説5－2後段は，「M&Aに当たっては，必要かつ十分な情報収集のうえ，事前に必要な管理体制を十分に検討しておくべきこと，買収後は有効な管理体制の速やかな構築と運用が重要であることなど」に留意が必要と述べます。

また，海外M&Aについては，2018年3月27日に経産省が公表した「海外M&Aを経営に活用する9つの行動」が参考になります。

■買収前の準備

上記「9つの行動」の行動3は，買収前の準備について述べています。

買収前には，買収先に対するDD（デューディリジェンス）を必ず実施しますが，DDは買収時の作法のようなものであり，DDにより発見されるリスク要因は限定的なので，DDで買収先のリスクを統制することは不可能であり，買収後のPMIに注力するのが現実的です。

■買収後のPMI（Post Merger Integration）

上記「9つの行動」の行動5および行動6は，買収後のPMIについて述べています。買収直後からPMIを励行し，グループ内部統制に組み込んでいくことが必要です。

もっとも，実際には，買収前の経営者に引き続き買収後も経営を任せることを内容とするキーパーソンロック条項が契約条項に入れられることが多く，キーパーソンに対する遠慮や忖度から，事後DDで経営課題が発見されても，それを正面から指摘して改善を求めることが難しい，事後DDで深刻な経営課題が発見され，これに起因して将来の事業計画が下方修正されれば，子会社株式に減損損失が発生することになるが，それではM&Aは失敗だったことになるから，関係者は減損処理を避けたがる，といった現実的な問題が存在します。しかしながら，グループ内部統制を貫くという強い意思で，親会社の2線は対処していく必要があります。

解説５－２後段
特に海外子会社や買収子会社の経営管理に当たっては，例えば以下のような点に留意が必要である。 ▶　M&Aに当たっては，必要かつ十分な情報収集のうえ，事前に必要な管理体制を十分に検討しておくべきこと，買収後は有効な管理体制の速やかな構築と運用が重要であることなど （不祥事につながった問題事例） ✓　買収先事業が抱えるコンプライアンス違反のリスクを事前に認識していたにもかかわらず，それに対処する管理体制を買収後に構築しなかった結果，リスク対応が後手に回り，買収元である上場会社に対する社会的批判を招く

■経済産業省「海外M&Aを経営に活用する９つの行動」2018年３月27日

【Pre-M&A】～【ディール実行】

行動３：入念な準備に「時間をかける」
☑　ディールに着手する前から，買収企業を「誰が」「どう」経営するか，統合後まで見据えた入念な準備はできているか。 ▶　平時から目的に合致する案件を能動的に探索し検討を行う。 ▶　統合後の経営まで，時間軸も含めた具体的なイメージを持って，常に先手を打った周到な準備を行う。

【ディール実行】～【PMI】

行動５：統合に向け買収成立から直ちに行動に着手
☑　「ディールの成立」を「M&A の成功」と混同していないか。 ▶　統合により双方の強みを生かす成長を実現して初めて成功。経営トップの役割はむしろディール成立後に増大。 ▶　統合プロセスは初動が重要。契約署名で安堵せず，その後の統合に向け，先手を打った行動に直ちに着手。

【PMI】

行動６：買収先の「見える化」の徹底（「任せて任さず」）
☑　買収先の経営実態や異変をしっかり把握できているか。 ▶　買収先の経営を放任しては，十分な統合効果を実現できず，危機への対処も後手に回る。 ▶　買収先の経営の自主性を尊重しつつも，何が起きているのか常にモニタリングし，フォローできる体制を確保。

 DeNAキュレーションサイト事業問題から学ぶ

■事案の概要

DeNAは，モバイルゲーム事業に依存しない多角化を図り，キュレーション事業に新規参入するため，先行するキュレーションサイトを運営する複数の会社を買収しました。しかし，買収時の法務DDで指摘されていた著作権法違反などの問題に対処しなかったため，買収後に大きく問題化した結果，運営するすべてのキュレーションサイトの閉鎖を余儀なくされ，約38億円の減損損失を計上するに至りました。

■売主と買主の認識のズレ

本事案において注目されるのは，株式を売却する売主側は，自分のキュレーションサイトをこれ以上成長させるには，DeNAのような大企業の傘下に入り，著作権対応などの経営管理を強化する必要があると考えて売却を決断したのに対し，買収するDeNA側は，DeNAは「永久ベンチャー」を標榜しているが大企業病に陥っており，売主のベンチャー精神を見習おうと考えて，買収した会社に対するPMIとしての経営管理面の強化を行わなかった点です。

この売主と買主の認識のズレが，法務DDで指摘された問題に対するPMIが行われず，これが問題化して事業が頓挫するという失敗を招いたものです（詳細は，竹内朗「企業不祥事の事例分析―DeNAキュレーション事業問題」月刊監査役2017年7月号110頁）。

■実務上の課題

買収前の時点から，買収後のPMIをタスク，スケジュール，コストとして見込んでおくことが必要です。

PMIを励行すれば，買収した会社に新たなリスク要因を発見し，これが将来の事業価値にネガティブな影響を与えると判断されれば，買収した株式の減損処理につながります。これを避けようとするのではなく，DDの限界と正面から受けとめ，しっかりとグループ内部統制の傘下に組み入れ，必要ならば減損処理を行う，無用な犯人探しをしない，という割り切った姿勢が求められます。

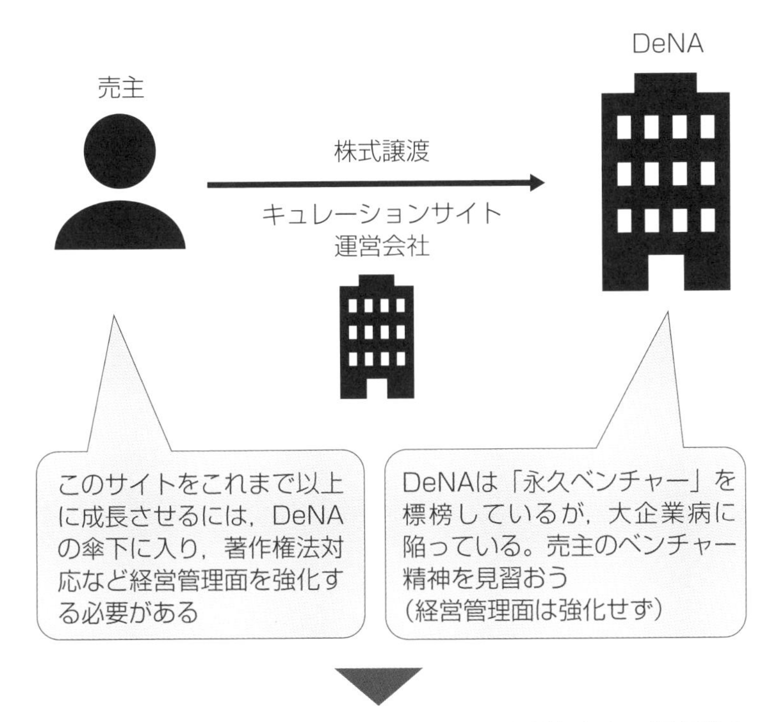

売主と買主に認識の「ズレ」があるまま買収が行われ，買収前の法務DDで指摘されていたサイト上のコンテンツの著作権法違反の問題なども放置された。

その後，買収後に著作権法違反などの問題が噴出し，大きな社会的非難を浴びた結果，すべてのキュレーションサイトを閉鎖し，子会社株式の減損損失を被った。

上場子会社とガバナンス

■アスクル対ヤフーの事例

上場子会社であるアスクルの株主総会で，上場親会社であるヤフーが反対票を投じた結果，社長のみならず３名の独立社外取締役も再任されない事態となりました。

2019年７月30日，日本取締役協会は緊急意見を発表し，経営者選任をめぐる意見の相違を根拠に，「支配的株主の横暴をけん制するために存在している，独立取締役を緊急性も違法行為もない状態で解任できるならば，（親子上場の）ガバナンスの基本構造が成り立たなくなる」と非難しました。

同年８月４日，日本経済新聞朝刊は，「看過できなくなってきた親子上場の弊害」という社説を掲載し，「上場企業が子会社も上場させる『親子上場』の弊害が看過できなくなってきた。弱い立場に置かれている上場子会社の一般株主の利益を守る仕組みをつくるとともに，企業も日本特有の親子上場の数を減らす努力をすべきだ」「日本取引所グループは上場子会社の審査を厳しくして，親会社が上場子会社を意のままに操れない企業統治を求めてほしい。上場子会社には独立社外取締役の数を取締役会の最低３分の１以上，できれば過半数に増やすよう義務づけるべきだ」との持論を展開しました。

■経産省グループガイドライン

同ガイドライン６は，「上場会社に関するガバナンスの在り方」として１項目を立てて相当の紙幅を割き，右のような論旨を述べています。

これらの論旨に照らしても，ヤフーがアスクルの独立社外取締役の再任に反対したことは，疑問が残るといえます。

6.1.3　親子間あるいは兄弟間で事業分野の重複あるいは市場における競合関係がある場合や，親子の経営トップが兼務している場合には，利益相反取引が発生する蓋然性や上場子会社の一般株主の利益が害されるリスクがより高まることが想定される

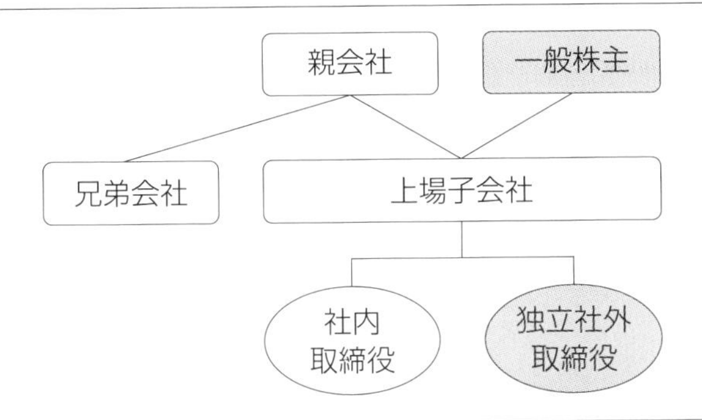

6.3.2　上場子会社の独立社外取締役には，事業執行を監督する役割を果たすための執行陣からの独立性に加え，一般株主の利益を確保する役割も期待されるため，親会社からの独立性も求められる。

6.3.3　親会社は，上場子会社の独立社外取締役の選解任権限を行使するに当たっては，上場子会社のガバナンス確保に十分配慮すべきである。

6.3.4　上場子会社においては，利益相反リスクに対応するため，実効的なガバナンスの仕組みが構築されるべきである。

取締役会における独立社外取締役の比率を高めること（1/3以上や過半数等）を目指すことが基本であるが，それが直ちに困難な場合においても，重要な利益相反取引については，独立社外取締役（又は独立社外監査役）を中心とした委員会で審議・検討を行う仕組みを導入することが検討されるべきである。

6.4.3　上場子会社の指名委員会は，上場子会社の企業価値向上にとって最適な経営陣の指名が行われるよう，親会社からの独立性が実質的に担保されるべきである。

 不祥事予防プリンシプル原則６

■サプライチェーンの内部統制

予防プリンシプルの原則６が，サプライチェーンにおける不祥事の予防に言及したことは，とても画期的なことです。

これまでグループ内部統制の関心は，親会社と資本関係がある子会社・孫会社・関連会社に向けられていました。

しかし，現在のビジネスでは，サプライチェーンを構成する他社（資本関係があるとは限らない）と緊密な関係に立っており，他社が大規模な不祥事を起こすと，サプライチェーンの川上・川下に位置するすべての会社にその悪影響が及ぶことが通例となっています。

マクドナルドの期限切れ鶏肉の事案や，ベネッセの顧客情報漏洩の事案などは，サプライチェーンにおける不祥事がどれだけの業績悪化につながるかを物語っています。

したがって，もし資本関係がなくても，サプライチェーンを構成する他社を，不祥事予防の観点から内部統制の対象に取り込むことは，極めて自然な発想といえます。

■契約条項で取引先に対する統制を

資本関係があれば，資本の論理に物をいわせて，子会社などに統制を及ぼすことができます。

しかし，サプライチェーンを構成する他社に対しては，資本の論理が通用しないので，すべては取引先と取り交わす「契約条項」に何を盛り込むかが，統制のカギになります。

そして，①入口段階（取引を始めるかどうかのチェック），②中間段階（取引継続中のチェック），③出口段階（取引解消に向けたアクション）という３つの場面で統制を効かせることが考えられます。

原則６	サプライチェーンを展望した責任感
業務委託先や仕入先・販売先などで問題が発生した場合においても，サプライチェーンにおける当事者としての役割を意識し，それに見合った責務を果たすよう努める。	

 サプライチェーンの平時のモニタリング

■サプライチェーンに対する予防統制

予防統制としては，まず「委託先選定基準」を策定し，不祥事リスクの高い会社とはそもそも取引をしないことが考えられます。

次に，取引を始める際には，禁止事項や解除事由を明記した契約条項を盛り込んでおくことが考えられます。たとえば，

- 衣料品メーカーが，海外の製造委託工場に対し，労働者を劣悪な労働環境で働かせることを禁止する
- 完成品メーカーが，素材メーカーに対し，品質データの改ざん行為を行うことを禁止する
- 新興国で事業展開する会社が，当該国で起用するエージェントに対し，公務員に対する贈賄行為を行うことを禁止する

などが考えられます。

ここで，労務問題に関していうと，海外の製造委託工場が労働者を劣悪な環境で働かせて禁止事項に違反した場合に，その契約を解除することは，当該工場における劣悪な労働環境の固定化につながるおそれがあるので，契約を解除せずに労働環境の是正・改善を積極的に促していくことが，より適正な対応となります。

■サプライチェーンに対する発見統制

発見統制としては，契約条項に，禁止条項の違反や一定のリスク事象が発生した時に「報告義務」を課しておくことが考えられます。

次に，委託先から自発的な報告がなされない場合に備えて，定期的あるいは不定期の「監査権限」を確保しておくことが考えられます。たとえば，

- 完成品メーカーが，素材メーカーに対し，製造や検査の工程を監査する
- 個人情報の取扱いを委託している会社が，受託している会社に対し，個人情報の安全管理措置の状況を監査する

などが考えられます。あるいは，サプライチェーンの役職員が利用できる内部通報窓口を設置することも一案です。

解説６－２

業務の委託者が受託者を監督する責任を負うことを認識し，必要に応じて，受託者の業務状況を適切にモニタリングすることは重要である。
契約上の責任範囲のみにとらわれず，平時からサプライチェーンの全体像と自社の位置・役割を意識しておくことは，有事における顧客をはじめとするステークホルダーへの的確な説明責任を履行する際などに，迅速かつ適切な対応を可能とさせる。

（不祥事につながった問題事例）
✓　外部委託先に付与したセキュリティ権限を適切に管理しなかった結果，委託先従業員による情報漏洩を招き，委託元企業の信頼性を毀損
✓　海外の製造委託先工場における過酷な労働環境について外部機関より指摘を受けるまで意識が薄かった結果，製品の製造過程における社会的問題が，当該企業のブランド価値を毀損

 サプライチェーンの有事の危機管理

■サプライチェーンの対応の難しさ

サプライチェーンのなかで大きな不祥事が起きた時に，すべての構成メンバーが，「サプライチェーンにおける当事者としての自社の役割を意識し，それに見合った責務を誠実に果たす」ということは，いうは易しですが，実際には難しい問題を孕みます。

たとえば，素材メーカーA社で品質データ改ざんが発生したとします。納品先の完成品メーカーB社にとっては，A社の契約違反であり，A社に損害賠償を請求したい立場です。

他方で，B社はエンドユーザーに完成品を販売しており，完成品の品質問題に発展すれば，製品回収などの面倒な対応を迫られたり，エンドユーザーから損害賠償請求を受けるおそれがあります。

こうした時に，B社がA社に対して強く圧力をかけて，対外公表を思いとどまらせ，両社間で内々に処理しようと働きかけるおそれがあります。A社も改ざんをした立場なので，迷惑をかけたB社には強くいえず，また納品先であるB社がそれでいいのならと，事案の矮小化に走るおそれがあります。

■本当のステークホルダーに対する誠実な対応を

こうした状況下では，誰が本当のステークホルダーかを考える必要があります。

たしかに納品先であるB社もステークホルダーではありますが，A社が誠実な対応をしなければならない本当のステークホルダーは，A社の製品を積んだ完成品を使っているエンドユーザーであると考えるべきです。

完成品が自動車であれば運転者や同乗者，鉄道車両や航空機であれば乗客や乗員，原子力発電設備であれば近隣住民というように，その完成品の安全・安心に信頼を寄せるのが誰か，という観点から考える必要があります。

こうした本当のステークホルダーに対し誠実な対応をしているかどうかが，サプライチェーンの有事の危機管理のポイントです。

解説6－1

　自社の業務委託先等において問題が発生した場合，社会的信用の毀損や責任追及が自社にも及ぶ事例はしばしば起きている。サプライチェーンにおける当事者としての自社の役割を意識し，それに見合った責務を誠実に果たすことで，不祥事の深刻化や責任関係の錯綜による企業価値の毀損を軽減することが期待できる。

（不祥事につながった問題事例）
✓　製品事故における法的な責任に加え，サプライチェーンのマネジメントを怠り，徹底的な原因解明・対外説明を自ら果たさなかった結果，ステークホルダーの不信感を増大させ，企業の信頼性を毀損
✓　建築施工における発注者，元請，下請，孫請という重層構造において，極めて重要な作業工程におけるデータの虚偽が発覚したにもかかわらず，各当事者間の業務実態を把握しようとする意識が不十分であった結果，有事における対外説明・原因究明等の対応に遅れをとり，最終顧客や株主等の不信感を増大

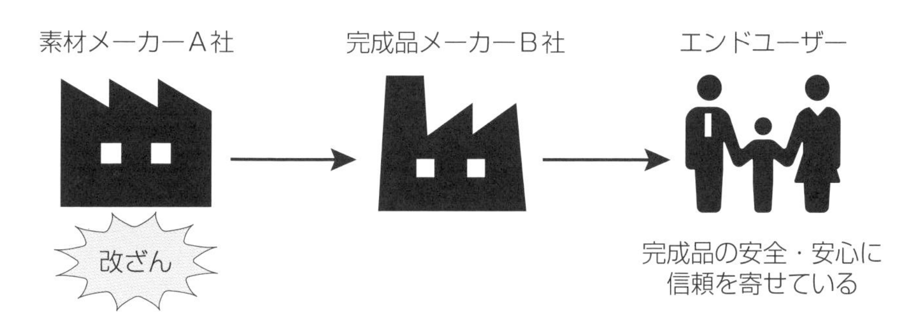

 サプライチェーンのESGリスクマネジメント

■東京2020調達コード

2019年１月15日，公益財団法人東京オリンピック・パラリンピック競技大会組織委員会は，「東京2020 オリンピック・パラリンピック競技大会　持続可能性に配慮した調達コード（第３版）」を公表しました。

この調達コードは，組織委員会が調達する物品・サービスおよびライセンス商品のすべてを対象とし，サプライヤーおよびライセンシーに対し，調達物品等の製造・流通等に関して調達コードを遵守することを求めるとともに，それらのサプライチェーンも調達コードを遵守するように働きかけることを求めています。

右図に調達コードの「持続可能性に関する基準」の項目を抜粋しましたが，これを見ると，この調達コードが完全にESG（環境・社会・ガバナンス）に傾倒していることがわかります。

組織委員会は，調達コードの不遵守に関する通報を受け付けて適切に対応するため，通報受付窓口を設置します。サプライヤー等は，法令違反や差別，調達コード違反等の行為を通報した者に対し，通報したことを理由として報復行為を行ってはならないとされます。

■サプライチェーンにおけるESGリスクマネジメント

上記の調達コードを見ると，海の向こうの問題だと思っていた「ESG調達」なるものが，もはや日本企業の目の前に迫っていることがわかります。

東京2020を契機に，大企業はESG調達に大きく舵を切ることが予想され，大企業のサプライチェーンに入ることを企図する中小企業もまた，ESG調達に対応していくこと，サプライチェーンにおけるESGリスクマネジメント体制を構築して運用していくことが求められます。

(1)　全般	①　法令遵守 ②　報復行為の禁止
(2)　環境	①　省エネルギー ②　低炭素・脱炭素エネルギーの利用 ③　その他の方法による温室効果ガスの削減 ④　３Ｒ（リデュース，リユース，リサイクル）の推進 ⑤　容器包装等の低減 ⑥　汚染防止・化学物質管理・廃棄物処理 ⑦　資源保全に配慮した原材料の採取 ⑧　生物多様性の保全
(3)　人権	①　国際的人権基準の遵守・尊重 ②　差別・ハラスメントの禁止 ③　地域住民等の権利侵害の禁止 ④　女性の権利尊重 ⑤　障がい者の権利尊重 ⑥　子どもの権利尊重 ⑦　社会的少数者（マイノリティ）の権利尊重
(4)　労働	①　国際的労働基準の遵守・尊重 ②　結社の自由，団体交渉権 ③　強制労働の禁止 ④　児童労働の禁止 ⑤　雇用及び職業における差別の禁止 ⑥　賃金 ⑦　長時間労働の禁止 ⑧　職場の安全・衛生 ⑨　外国人・移住労働者
(5)　経済	①　腐敗の防止 ②　公正な取引慣行 ③　紛争や犯罪への関与のない原材料の使用 ④　知的財産権の保護 ⑤　責任あるマーケティング ⑥　情報の適切な管理 ⑦　地域経済の活性化

■巻末資料

「上場会社における不祥事予防のプリンシプル」の策定について

2018年３月30日
日本取引所自主規制法人

Ⅰ．趣旨

近年、上場会社における多くの不祥事が表面化し報道されています。業種を超え、規模の大小にかかわらず広がっている現状です。これらの中には、最近になって発生した事象もあれば、これまで潜在していたものが顕在化した事象も見られます。いずれにせよ、これら不祥事は、その社会的影響の広がりに加え、当該企業の社会的評価を下げ、業績に悪影響を及ぼし、株価の下落も相俟ってその企業価値を毀損します。さらに、上場会社の間で不祥事が頻発するような資本市場は、コーポレート・ガバナンスが機能していない市場とみなされ、その信頼性を失うこととなります。

日本取引所自主規制法人は2016年２月に『不祥事対応のプリンシプル』を策定し、実際に不祥事に直面した上場会社の速やかな信頼回復と確かな企業価値の再生に向けた指針を示しました。しかし、不祥事がまれな事象でなくなった現状において、不祥事の発生そのものを予防する取組みが上場会社の間で実効性を持って進められる必要性が高まっています。そこで、不祥事発生後の事後対応に重点を置いた上記プリンシプルに加えて、事前対応としての不祥事予防の取組みに資するため、今般『不祥事予防のプリンシプル』を策定しました。上場会社においては、これらのプリンシプルを車の両輪として位置付け、実効性の高い取組みを推進していただくことを期待しています。

本プリンシプルにおける各原則は、各上場会社において自社の実態に即して創意工夫を凝らし、より効果的な取組みを進めていただくための、プリンシプル・ベースの指針です。また、仮に本プリンシプルの充足度が低い場合であっても、上場規則等の根拠なしに当法人が上場会社に対する不利益処分等を行うものではありません。むしろ、上場会社が自己規律を発揮していただく際の目安として活用されることを期待しています。また、上場会社に助言等を行う法律専門家や会計専門家、さらには広く株主・投資者の皆様にも共有され、企業外のステークホルダーからの規律付けが高まることも期待されます。

日本取引所自主規制法人は、（株）日本取引所グループの一員として、東京証券取引所及び大阪取引所の上場審査、上場管理、売買審査、考査等の業務を一手に担っている、金融商品取引法に基づく自主規制機関です。上場会社に関しては、有価証券報告書虚偽記載や不適正開示、企業行動規範の違反など、資本市場の基本インフラを直接脅かす事案において、上場規則に基づき、問題を起こした上場会社への不利益処分を判断する権限を有しています。他方、企業がその業務遂行の過程で犯した不正や不適切行為そのもの（上述の上場規則違反に該当しないもの）に対しては、直接の権限を行使する立場にありません。しかし、我が国資本市場の信頼性向上のために、上場管理業務を行っていく中で蓄積した知見を、プリンシプルなどの形で広く共有することは、有益であると考えています。

Ⅱ．上場会社における不祥事予防のプリンシプル

上場会社における不祥事予防のプリンシプル
～企業価値の毀損を防ぐために～

上場会社は、不祥事（重大な不正・不適切な行為等）を予防する取組みに際し、その実効性を高めるため本プリンシプルを活用することが期待される。この取組みに当たっては、経営陣、とりわけ経営トップによるリーダーシップの発揮が重要である。

［原則１］　実を伴った実態把握

自社のコンプライアンスの状況を制度・実態の両面にわたり正確に把握する。明文の法令・ルールの遵守にとどまらず、取引先・顧客・従業員などステークホルダーへの誠実な対応や、広く社会規範を踏まえた業務運営の在り方にも着眼する。その際、社内慣習や業界慣行を無反省に所与のものとせず、また規範に対する社会的意識の変化にも鋭敏な感覚を持つ。

これらの実態把握の仕組みを持続的かつ自律的に機能させる。

［原則２］　使命感に裏付けられた職責の全う

経営陣は、コンプライアンスにコミットし、その旨を継続的に発信し、コンプライアンス違反を誘発させないよう事業実態に即した経営目標の設定や業務遂行を行う。

監査機関及び監督機関は、自身が担う牽制機能の重要性を常に意識し、必要十分な情報収集と客観的な分析・評価に基づき、積極的に行動する。

これらが着実に実現するよう、適切な組織設計とリソース配分に配意する。

［原則３］　双方向のコミュニケーション

現場と経営陣の間の双方向のコミュニケーションを充実させ、現場と経営陣がコンプライアンス意識を共有する。このためには、現場の声を束ねて経営陣に伝える等の役割を担う中間管理層の意識と行動が極めて重要である。

こうしたコミュニケーションの充実がコンプライアンス違反の早期発見に資する。

［原則４］　不正の芽の察知と機敏な対処

コンプライアンス違反を早期に把握し、迅速に対処することで、それが重大な不祥事に発展することを未然に防止する。

早期発見と迅速な対処、それに続く業務改善まで、一連のサイクルを企業文化として定着させる。

［原則５］　グループ全体を貫く経営管理

グループ全体に行きわたる実効的な経営管理を行う。管理体制の構築に当たっては、自社グループの構造や特性に即して、各グループ会社の経営上の重要性や抱えるリスクの高低等を踏まえることが重要である。

特に海外子会社や買収子会社にはその特性に応じた実効性ある経営管理が求められる。

［原則６］　サプライチェーンを展望した責任感

業務委託先や仕入先・販売先などで問題が発生した場合においても、サプライチェーンにおける当事者としての役割を意識し、それに見合った責務を果たすよう努める。

Ⅲ．各原則の解説

［原則１］　実を伴った実態把握
　自社のコンプライアンスの状況を制度・実態の両面にわたり正確に把握する。明文の法令・ルールの遵守にとどまらず、取引先・顧客・従業員などステークホルダーへの誠実な対応や、広く社会規範を踏まえた業務運営の在り方にも着眼する。その際、社内慣習や業界慣行を無反省に所与のものとせず、また規範に対する社会的意識の変化にも鋭敏な感覚を持つ。
　これらの実態把握の仕組みを持続的かつ自律的に機能させる。

（解説）

1-1　自社のコンプライアンスの状況を正確に把握することが、不祥事予防の第一歩となる。コンプライアンスに係る制度やその運用状況はもとより、自社の企業風土や社内各層への意識の浸透度合い等を正確に把握することにより、自社の弱点や不祥事の兆候を認識する。その際、現状のコンプライアンス体制が問題なく運用されているとの思い込みを捨て、批判的に自己検証する。

1-2　コンプライアンスは、明文の法令・ルールの遵守だけに限定されるものではなく、取引先・顧客・従業員などステークホルダーへの誠実な対応を含むと理解すべきである。さらに、広く社会規範を意識し、健全な常識やビジネス倫理に照らして誠実に行動することまで広がりを持っているものである。
　こうした規範に対する社会的受け止め方は時代の流れに伴い変化する部分がある。社内で定着している慣習や業界慣行が、実は旧弊やマンネリズムに陥っていたり、変化する社会的意識と乖離したりしている可能性も意識しつつ、社内・社外の声を鋭敏に受け止めて点検を行うことが必要となる。

1-3　本来は、通常の業務上のレポーティング・ラインを通じて、正確な情報が現場から経営陣に確実に連携されるメカニズムが重要である。一方、本来機能すべきレポーティング・ラインが目詰まりした場合にも備え、内部通報や外部からのクレーム、株主・投資者の声等を適切に分析・処理し、経営陣に正確な情報が届けられる仕組みが実効性を伴って機能することが重要である。
　こうした実態把握の仕組みが、社内に定着し、持続的・自律的に機能していくことが重要である。

1-4　なお、自社の状況や取組みに関する情報を対外発信し、外部からの監視による規律付けを働かせることも効果的な取組みの一つとして考えられる。

（不祥事につながった問題事例）
✓　検査工程や品質確認等の業務において、社内規則に反する旧来の慣行を漫然と継続し、違反行為を放置
✓　労働基準を超えた長時間労働の常態化、社会規範を軽視したハラスメントの放置の結果、社会問題にまで波及
✓　内部告発が隠蔽され、上位機関まで報告されないなど、内部通報制度の実効性が欠如

［原則２］ 使命感に裏付けられた職責の全う
経営陣は、コンプライアンスにコミットし、その旨を継続的に発信し、コンプライアンス違反を誘発させないよう事業実態に即した経営目標の設定や業務遂行を行う。
監査機関及び監督機関は、自身が担う牽制機能の重要性を常に意識し、必要十分な情報収集と客観的な分析・評価に基づき、積極的に行動する。
これらが着実に実現するよう、適切な組織設計とリソース配分に配意する

（解説）

2-1　コンプライアンスに対する経営陣のコミットメントを明確化し、それを継続的に社内に発信することなど様々な手段により全社に浸透させることが重要となる。

コンプライアンスへのコミットメントの一環として経営陣は、社員によるコンプライアンスの実践を積極的に評価し、一方でコンプライアンス違反発覚時には、経営陣を含め責任の所在を明確化し的確に対処する。実力とかけ離れた利益目標の設定や現場の実態を無視した品質基準・納期等の設定は、コンプライアンス違反を誘発する。

2-2　監査機関である監査役・監査役会・監査委員会・監査等委員会と内部監査部門、及び監督機関である取締役会や指名委員会等が実効性を持ってその機能を発揮するためには、必要十分な情報収集と社会目線を踏まえた客観的な分析・評価が不可欠であり、その実務運用を支援する体制の構築にも配意が必要である。また、監査・監督する側とされる側との間の利益相反を的確にマネジメントし、例えば、実質的な「自己監査」となるような状況を招かないよう留意する。

監査・監督機関は、不祥事発生につながる要因がないかを能動的に調査し、コンプライアンス違反の予兆があれば、使命感を持って対処する。

監査・監督機関の牽制機能には、平時の取組みはもちろんのこと、必要な場合に経営陣の適格性を判断する適切な選任・解任プロセスも含まれる。

（不祥事につながった経営陣に係る問題事例）

✓　経営トップが事業の実力とかけ離れた短期的目線の利益目標を設定し、その達成を最優先課題としたことで、役職員に「コンプライアンス違反をしてでも目標達成をすべき」との意識が生まれ、粉飾決算を誘発

✓　経営陣や現場マネジメントが製造現場の実態にそぐわない納期を一方的に設定した結果、現場がこれに縛られ、品質コンプライアンス違反を誘発

（不祥事につながった監査・監督機関に係る問題事例）

✓　元財務責任者（CFO）が監査担当部門（監査委員）となり、自身が関与した会計期間を監査することで、実質的な「自己監査」を招き、監査の実効性を阻害

✓　指名委員会等設置会社に移行するも、選解任プロセスにおいて経営トップの適格性を的確に評価・対処できないなど、取締役会、指名委員会、監査委員会等の牽制機能が形骸化

（不祥事につながった組織設計・リソース配分に係る問題事例）

✓　製造部門と品質保証部門で同一の責任者を置いた結果、製造部門の業績評価が品質維持よりも重視され、品質保証機能の実効性を毀損

✓　品質保証部門を実務上支援するために必要となるリソース（人員・システム）が不足

［原則３］ 双方向のコミュニケーション
現場と経営陣の間の双方向のコミュニケーションを充実させ、現場と経営陣がコンプライアンス意識を共有する。このためには、現場の声を束ねて経営陣に伝える等の役割を担う中間管理層の意識と行動が極めて重要である。
こうしたコミュニケーションの充実がコンプライアンス違反の早期発見に資する。

（解説）

3-1 現場と経営陣の双方向のコミュニケーションを充実させることと、双方のコンプライアンス意識の共有を図ることは、一方が他方を支える関係にあり、両者が相俟って不祥事の予防につながる。
双方向のコミュニケーションを充実させる際には、現場が忌憚なく意見を言えるよう、経営陣が現場の問題意識を積極的に汲み上げ、その声に適切に対処するという姿勢を明確に示すことが重要となる。

3-2 現場と経営陣をつなぐハブとなる中間管理層は、経営陣のメッセージを正確に理解・共有して現場に伝え根付かせるとともに、現場の声を束ねて経営陣に伝えるという極めて重要な役割を担っている。このハブ機能を十全に発揮させるためには、経営陣が、その役割を明確に示し、評価するとともに、中間管理層に浸透させるべきである。
双方向のコミュニケーションが充実すれば、現場の実態を無視した経営目標の設定等を契機とした不祥事は発生しにくくなる。

3-3 これらが定着することで、現場のコンプライアンス意識が高まり、現場から経営陣への情報の流れが活性化して、問題の早期発見にも資する。

（不祥事につながった問題事例）
- ✓ 経営陣が各部門の実情や意見を踏まえず独断的に利益目標・業績改善目標を設定し、各部門に達成を繰り返し求めた結果、中間管理層や現場のコンプライアンス意識の低下を招き、全社的に職責・コンプライアンス意識の希薄化を招来
- ✓ 経営陣から実態を無視した生産目標や納期の必達を迫られても現場は声を上げられず、次第に声を上げても仕方がないという諦め（モラルの低下）が全社に蔓延
- ✓ 経営陣が「現場の自立性」を過度に尊重する古い伝統に依拠したことで、製造現場と経営陣の間にコミュニケーションの壁を生じさせ、問題意識や課題の共有が図れない企業風土を醸成。その結果、経営陣は製造現場におけるコンプライアンス違反を長年にわたり見過ごし、不祥事が深刻化

［原則４］　不正の芽の察知と機敏な対処
　コンプライアンス違反を早期に把握し、迅速に対処することで、それが重大な不祥事に発展することを未然に防止する。
　早期発見と迅速な対処、それに続く業務改善まで、一連のサイクルを企業文化として定着させる。

（解説）

4-1　どのような会社であっても不正の芽は常に存在しているという前提に立つべきである。不祥事予防のために重要なのは、不正を芽のうちに摘み、迅速に対処することである。
　このために、原則１～３の取組みを通じ、コンプライアンス違反を早期に把握し、迅速に対処する。また、同様の違反や類似の構図が他部署や他部門、他のグループ会社にも存在していないかの横展開を行い、共通の原因を解明し、それに即した業務改善を行う。
　こうした一連のサイクルが企業文化として自律的・継続的に機能することで、コンプライアンス違反が重大な不祥事に発展することを未然防止する。この取組みはコンプライアンス違反の発生自体を抑止する効果も持ち得る。

4-2　経営陣がこうした活動に取り組む姿勢や実績を継続的に示すことで、全社的にコンプライアンス意識を涵養できる。また、このような改善サイクルの実践が積極的に評価されるような仕組みを構築することも有益である。

4-3　なお、趣旨・目的を明確にしないコンプライアンス活動や形式のみに偏ったルールの押付けは、活動の形骸化や現場の「コンプラ疲れ」を招くおそれがある。事案の程度・内容に即してメリハリをつけ、要所を押さえた対応を継続して行うことが重要である。

（不祥事につながった問題事例）

✓　社内の複数ルートからコンプライアンス違反に係る指摘がなされても、調査担当部署が表面的な聴き取り対応のみで「問題なし」と判断。違反行為の是正や社内展開等を行わなかった結果、外部からの指摘を受けて初めて不祥事が露見し、企業価値を大きく毀損
✓　過去の不祥事を踏まえて再発防止策を講じたものの、的を射ない機械的な対応に終始したことで、現場において「押し付けられた無駄な作業」と受け止められる。当該作業が次第に形骸化し、各現場の自律的な取組みとして定着しなかった結果、同種不祥事の再発に至る

［原則５］　グループ全体を貫く経営管理

グループ全体に行きわたる実効的な経営管理を行う。管理体制の構築に当たっては、自社グループの構造や特性に即して、各グループ会社の経営上の重要性や抱えるリスクの高低等を踏まえることが重要である。

特に海外子会社や買収子会社にはその特性に応じた実効性ある経営管理が求められる。

（解説）

5-1　不祥事は、グループ会社で発生したものも含め、企業価値に甚大な影響を及ぼす。多数のグループ会社を擁して事業展開している上場会社においては、子会社・孫会社等をカバーするレポーティング・ライン（指揮命令系統を含む）が確実に機能し、監査機能が発揮される体制を、本プリンシプルを踏まえ適切に構築することが重要である。

グループ会社に経営や業務運営における一定程度の独立性を許容する場合でも、コンプライアンスの方針についてはグループ全体で一貫させることが重要である。

5-2　特に海外子会社や買収子会社の経営管理に当たっては、例えば以下のような点に留意が必要である。

➢　海外子会社・海外拠点に関し、地理的距離による監査頻度の低下、言語・文化・会計基準・法制度等の違いなどの要因による経営管理の希薄化など

➢　Ｍ＆Ａに当たっては、必要かつ十分な情報収集のうえ、事前に必要な管理体制を十分に検討しておくべきこと、買収後は有効な管理体制の速やかな構築と運用が重要であることなど

（不祥事につながった問題事例）

✓　海外子会社との情報共有の基準・体制が不明確で、子会社において発生した問題が子会社内で内々に処理され、国内本社に報告されず。その結果、問題の把握・対処が遅れ、企業価値毀損の深刻化を招く

✓　許容する独立性の程度に見合った管理体制を長期にわたり整備してこなかった結果、海外子会社のコントロール不全を招き、子会社経営陣の暴走・コンプライアンス違反を看過

✓　買収先事業が抱えるコンプライアンス違反のリスクを事前に認識していたにもかかわらず、それに対処する管理体制を買収後に構築しなかった結果、リスク対応が後手に回り、買収元である上場会社に対する社会的批判を招く

［原則６］　サプライチェーンを展望した責任感
　業務委託先や仕入先・販売先などで問題が発生した場合においても、サプライチェーンにおける当事者としての役割を意識し、それに見合った責務を果たすよう努める。

（解説）

6-1　今日の産業界では、製品・サービスの提供過程において、委託・受託、元請・下請、アウトソーシングなどが一般化している。このような現実を踏まえ、最終顧客までのサプライチェーン全体において自社が担っている役割を十分に認識しておくことは、極めて有意義である。
　自社の業務委託先等において問題が発生した場合、社会的信用の毀損や責任追及が自社にも及ぶ事例はしばしば起きている。サプライチェーンにおける当事者としての自社の役割を意識し、それに見合った責務を誠実に果たすことで、不祥事の深刻化や責任関係の錯綜による企業価値の毀損を軽減することが期待できる。

6-2　業務の委託者が受託者を監督する責任を負うことを認識し、必要に応じて、受託者の業務状況を適切にモニタリングすることは重要である。
　契約上の責任範囲のみにとらわれず、平時からサプライチェーンの全体像と自社の位置・役割を意識しておくことは、有事における顧客をはじめとするステークホルダーへの的確な説明責任を履行する際などに、迅速かつ適切な対応を可能とさせる。

（不祥事につながった問題事例）
- ✓ 外部委託先に付与したセキュリティ権限を適切に管理しなかった結果、委託先従業員による情報漏えいを招き、委託元企業の信頼性を毀損
- ✓ 製品事故における法的な責任に加え、サプライチェーンのマネジメントを怠り、徹底的な原因解明・対外説明を自ら果たさなかった結果、ステークホルダーの不信感を増大させ、企業の信頼性を毀損
- ✓ 建築施工における発注者、元請、下請、孫請という重層構造において、極めて重要な作業工程におけるデータの虚偽が発覚したにもかかわらず、各当事者間の業務実態を把握しようとする意識が不十分であった結果、有事における対外説明・原因究明等の対応に遅れをとり、最終顧客や株主等の不信感を増大
- ✓ 海外の製造委託先工場における過酷な労働環境について外部機関より指摘を受けるまで意識が薄かった結果、製品の製造過程における社会的問題が、当該企業のブランド価値を毀損

「上場会社における不祥事対応のプリンシプル」の策定について

2016年２月24日
日本取引所自主規制法人

１．趣旨

上場会社には、株主をはじめ、顧客、取引先、従業員、地域社会など多様なステークホルダーが存在します。このため、上場会社の不祥事（重大な法令違反その他の不正・不適切な行為等）は、その影響が多方面にわたり、当該上場会社の企業価値の毀損はもちろんのこと、資本市場全体の信頼性にも影響を及ぼしかねません。したがって、上場会社においては、パブリックカンパニーとしての自覚を持ち、自社（グループ会社を含む）に関わる不祥事又はその疑いを察知した場合は、速やかにその事実関係や原因を徹底して解明し、その結果に基づいて確かな再発防止を図る必要があります。上場会社は、このような自浄作用を発揮することで、ステークホルダーの信頼を回復するとともに、企業価値の再生を確かなものとすることが強く求められていると言えます。

しかし、上場会社における不祥事対応の中には、一部に、原因究明や再発防止策が不十分であるケース、調査体制に十分な客観性や中立性が備わっていないケース、情報開示が迅速かつ的確に行われていないケースなども見受けられます。

このような認識の下、日本取引所自主規制法人として、不祥事に直面した上場会社に強く期待される対応や行動に関する原則（プリンシプル）を策定しました。このプリンシプルが、問題に直面した上場会社の速やかな信頼回復と確かな企業価値の再生に資することを期待するものです。

本プリンシプルの各原則は、従来からの上場会社の不祥事対応に概ね共通する視点をベースに、最近の事例も参考にしながら整理したものです。本来、不祥事への具体的な対応は各社の実情や不祥事の内容に即して行われるもので、すべての事案に関して一律の基準（ルール・ベース）によって規律することには馴染まないと言えます。他方、それらの対応策の根底にあるべき共通の行動原則があらかじめ明示されていることは、各上場会社がそれを個別の判断の拠り所とできるため、有益と考えられます。

なお、本プリンシプルは、法令や取引所規則等のルールとは異なり、上場会社を一律に拘束するものではありません。したがって、仮に本プリンシプルの充足度が低い場合であっても、規則上の根拠なしに上場会社に対する措置等が行われることはありません。

2．上場会社における不祥事対応のプリンシプル

上場会社における不祥事対応のプリンシプル
～確かな企業価値の再生のために～

企業活動において自社（グループ会社を含む）に関わる不祥事又はその疑義が把握された場合には、当該企業は、必要十分な調査により事実関係や原因を解明し、その結果をもとに再発防止を図ることを通じて、自浄作用を発揮する必要がある。その際、上場会社においては、速やかにステークホルダーからの信頼回復を図りつつ、確かな企業価値の再生に資するよう、本プリンシプルの考え方をもとに行動・対処することが期待される。

①　不祥事の根本的な原因の解明

不祥事の原因究明に当たっては、必要十分な調査範囲を設定の上、表面的な現象や因果関係の列挙にとどまることなく、その背景等を明らかにしつつ事実認定を確実に行い、根本的な原因を解明するよう努める。

そのために、必要十分な調査が尽くされるよう、最適な調査体制を構築するとともに、社内体制についても適切な調査環境の整備に努める。その際、独立役員を含め適格な者が率先して自浄作用の発揮に努める。

②　第三者委員会を設置する場合における独立性・中立性・専門性の確保

内部統制の有効性や経営陣の信頼性に相当の疑義が生じている場合、当該企業の企業価値の毀損度合いが大きい場合、複雑な事案あるいは社会的影響が重大な事案である場合などには、調査の客観性・中立性・専門性を確保するため、第三者委員会の設置が有力な選択肢となる。そのような趣旨から、第三者委員会を設置する際には、委員の選定プロセスを含め、その独立性・中立性・専門性を確保するために、十分な配慮を行う。

また、第三者委員会という形式をもって、安易で不十分な調査に、客観性・中立性の装いを持たせるような事態を招かないよう留意する。

③　実効性の高い再発防止策の策定と迅速な実行

再発防止策は、根本的な原因に即した実効性の高い方策とし、迅速かつ着実に実行する。

この際、組織の変更や社内規則の改訂等にとどまらず、再発防止策の本旨が日々の業務運営等に具体的に反映されることが重要であり、その目的に沿って運用され、定着しているかを十分に検証する。

④　迅速かつ的確な情報開示

不祥事に関する情報開示は、その必要に即し、把握の段階から再発防止策実施の段階に至るまで迅速かつ的確に行う。

この際、経緯や事案の内容、会社の見解等を丁寧に説明するなど、透明性の確保に努める。

【編著者紹介】

■編者

竹内　朗（たけうち　あきら）
弁護士，公認不正検査士
1990年早稲田大学法学部卒，96年弁護士登録（第48期），2001～06年日興コーディアル証券株式会社（現SMBC日興証券株式会社）法務部勤務，06～10年国広総合法律事務所パートナー，10年プロアクト法律事務所開設，複数の上場会社で社外役員を務める，18年12月に日本経済新聞社が発表した第14回「企業法務・弁護士調査」で，企業が選ぶ弁護士ランキングの「危機管理分野」で第6位，総合ランキング（企業票＋弁護士票）の「危機管理分野」で第8位に選出。

■著者

プロアクト法律事務所
〒105－0001
東京都港区虎ノ門5－12－13
ザイマックス神谷町ビル7階
電　話　03（5733）0133
ＦＡＸ　03（5733）0132
http://proactlaw.jp

大野　徹也（おおの　てつや）
弁護士，公認不正検査士，公認AML（アンチ・マネー・ローンダリング）スペシャリスト
1998年明治大学政治経済学部経済学科卒，2001年弁護士登録（第54期），07～12年アフラック（現アフラック生命保険株式会社）副法律顧問（09年～法律顧問）として勤務，13年プロアクト法律事務所入所，上場地方銀行で社外取締役を務める。

渡邉　宙志（わたなべ　たかし）
弁護士，公認不正検査士
1995年慶應義塾大学法学部法律学科卒，2004年弁護士登録（第57期），08～14年吉本興業株式会社執行役員法務本部長として勤務，15年プロアクト法律事務所入所。

榊山　彩子（さかきやま　あやこ）
弁護士（一時登録抹消），消費生活アドバイザー
2002年立命館大学法学部卒，07年関西学院大学大学院司法研究科修了，08年弁護士登録（新61期），11～17年独立行政法人国民生活センター紛争解決委員会（ADR）事務局委嘱，15年プロアクト法律事務所入所，17年～消費者庁取引対策課へ出向。

松葉　優子（まつば　ゆうこ）
弁護士，公認不正検査士
2012年早稲田大学法学部卒，14年早稲田大学大学院法務研究科修了，15年弁護士登録（第68期），17年～東京弁護士会中小企業法律支援センター委員，17年プロアクト法律事務所入所。

岩渕　恵理（いわぶち　えり）
弁護士
2012年中央大学法学部卒，14年中央大学大学院法務研究科修了，16年弁護士登録（第68期），16～19年三井住友信託銀行株式会社証券代行コンサルティング部勤務，19年プロアクト法律事務所入所。

図解　不祥事の予防・発見・対応がわかる本

2019年10月20日　第1版第1刷発行
2021年1月10日　第1版第4刷発行

編　者　竹　内　　朗
発行者　山　本　　継
発行所　㈱中央経済社
発売元　㈱中央経済グループパブリッシング

〒101-0051　東京都千代田区神田神保町1-31-2
電話 03（3293）3371（編集代表）
03（3293）3381（営業代表）
http://www.chuokeizai.co.jp/
印刷／㈱堀内印刷所
製本／㈲井上製本所

*頁の「欠落」や「順序違い」などがありましたらお取り替えいたしますので発売元までご送付ください。（送料小社負担）

ISBN 978-4-502-32071-2　C3032